Eva Loschky

Gut klingen – gut ankommen

Eva Loschky

Gut klingen – gut ankommen

Effektives Stimmtraining mit der Loschky-Methode®

Kösel

Druck und Bindung: Kösel, Krugzell
Illustrationen: Stephen Gorman
Umschlag: fuchs-design, München
Fotos der Autorin auf dem Umschlag:
Christa Pilger-Feiler, München
ISBN 3-466-30697-3

Gedruckt auf umweltfreundlich hergestelltem Offsetpapier
(säurefrei und chlorfrei gebleicht)

Inhalt

Das Besondere der Loschky-Methode®

Ihre Stimme braucht Unterstützung für die Anforderungen im Berufsleben? Sie möchten Ihr eigenes Ausdruckspotenzial erweitern? Sie suchen die Kraft Ihrer Stimme beim Singen oder Sprechen? – Die Loschky-Methode® vermittelt alle Grundelemente einer effektiven Stimmtechnik. Dieses maßgeschneiderte Stimmtraining hat Ihnen viel zu bieten:

- **Finden Sie Ihre authentische Stimme.** Diese Stimme ist zuverlässig im Körper verankert und deshalb klangvoll, kräftig und belastbar. Die Loschky-Methode® basiert auf Kraft aufbauenden und spannungslösenden Körperaktionen, die Sie mühelos in alltägliche Situationen des Privat- und Berufslebens integrieren und deren Wirkung Sie sofort spüren können: Sie ruhen in sich selbst und handeln souverän, Ihre Stimme trägt Ihr Anliegen sicher hinaus in die Welt. Sie werden gehört.
- **Lernen Sie auf neuartige Weise Elemente des Beckenbodentrainings mit dem Einsatz der Stimme zu kombinieren.** Sie erfahren sinnlich und direkt, wie Sie die Aktivität des Muskelnetzes Beckenboden für das Sprechen und Singen aufbauen müssen. Sie lernen, wie Sie in den kleinen Einatempausen während des Sprechens diese Beckenbodenspannung wieder lösen. Mit der Kraft dieses Muskelnetzes schicken Sie Ihre Stimme nach draußen, mit der Entspannung und Öffnung des Beckenraumes für den Einatem kehren Sie in Ihre Mitte, zum Ursprung Ihrer Kraft zurück.
- **Erleben Sie den lebendigen Wechsel von Anspannen und Loslassen des Beckenbodens im direkten Stimmalltag.** Neben dem großen Effekt für Ihre Stimme sorgen Sie damit gleichzeitig für gute Stimmung (ein aktiver Beckenboden wirkt wie eine Hormonpumpe) und für Ihre Gesundheit (ein kraftvoller Beckenboden stärkt Ihre Aufrichtung).

- **Entdecken Sie eine Fülle zuverlässiger Körperanker für die Entwicklung Ihres stimmlichen und persönlichen Potenzials.** Die Loschky-Methode® zeigt Ihnen, wie Sie Ihre Bauchmuskulatur beim Sprechen korrekt einsetzen, welche Funktion Flanken und Brustkorb für Ihre Stimme haben, wie Sie Ihren Klangraum Mund befreien können und gleichzeitig zu einem flexiblen Stand finden. Sie lädt Sie ein, Ihre eigenen stimmigen Körperanker zu entdecken.

- **Werden Sie achtsam für die Auswirkungen emotionaler Körper- und Atemmuster auf die Stimme.** Sie erfahren, wie Emotionen, Stress und Schmerzen Ihre Stimme verändern und finden mit der Stimme den körperlichen Weg zurück in »Ihr Reich der Mitte«. Sie erwerben Klarheit, Ruhe und Gelassenheit in schwierigen Situationen. Gleichzeitig zeigt Ihnen die Methode den Weg zu mehr emotionalem Ausdruck.

Das Besondere der Loschky-Methode® ist also ein »stimmvolles Körpertraining«: die Verbindung von klarer, einfacher und konkreter muskulärer Arbeit mit dem Sprechen im alltäglichen Leben.
Sie erfahren, was Sie körperlich tun müssen, wenn Sie Ihre Stimme erheben möchten und gewinnen dadurch sinnliche und stimmige Präsenz. Denn wer gut klingt, kommt gut an!

Einstimmung

Solange ich denken kann, spielen Musik und Tanz, Singen und Bewegung eine große Rolle in meinem Leben. Als Jugendliche beglückte es mich zutiefst, wenn ich in der Kirche ein Solo singen durfte und der Klang meiner Stimme widerhallte.
Nach einem kurzen Ausflug in die Welt der Wissenschaft begann ich ein Gesangsstudium an der Musikhochschule in Berlin. Doch je mehr ich mich mit Gesangstechnik befasste, desto schlechter sang ich. Meine sängerische Unbekümmertheit verschwand und mit ihr das Glücksgefühl beim Singen. Gleichzeitig folgte ich meiner Bewegungsfreude, die mich über Eutonie, Karate, Modern Dance und Yoga in viele verschiedene Körperrichtungen und -ausbildungen lockte. Als Darstellerin der »Maulwerke« von Dieter Schnebel konnte ich schließlich Bewegung, Atem und Stimme auf der Bühne kombinieren.
Damit war der Grundstein für meine Methode gelegt: Ich suchte nach einem mit der Stimme unmittelbar verbundenen Körpertraining. Ich fand auf der einen Seite sehr gute, aber tonlose Körperarbeit und auf der anderen Seite körperlich ungenaue Stimmarbeit. Die Logopädieausbildung unterstützte meinen physiologischen Forschungsdrang, umfasste aber das praktische Know-how für eine zuverlässige Stimmtechnik nicht im ausreichenden Maß und ließ die Sängerstimme unberücksichtigt. Ich machte mich auf den Weg, auf eine stimmliche Entdeckungsreise nach dem Motto »die Guten ins Töpfchen, die Schlechten ins Kröpfchen«: Ich kombinierte physiologisch richtige Ideen aus Körpertrainings mit Stimmgebung und entwickelte daraus Übungen, die direkt im Alltag durchführbar sind – die Loschky-Methode® war geboren.

Im vorliegenden Buch finden Sie mein Basistraining für eine körperverbundene, klangvolle Stimme. Ich möchte Sie einladen, mit mir auf eine stimmliche Entdeckungsreise zu gehen:

- Treffen wir unterwegs auf Sehenswürdigkeiten, werde ich Sie darauf aufmerksam machen und sie Ihnen erklären – so lernen Sie den Schatz der physiologischen Körpervorgänge kennen.
- Sie werden auf der Reise jeden Tag genügend Zeit haben für körperliche Regeneration und Aktivität – das beinhalten die Übungen. Wann immer dieses Angebot auftaucht, sollten Sie gleich mitmachen, um davon zu profitieren.
- Am Abend werden Sie die ein oder andere Geschichte von Mitreisenden hören – dafür stehen die Beispiele.

An jedem Tag Ihrer Reise werden Sie eine abwechslungsreiche Mischung meiner Angebote erleben – so erklärt sich der Aufbau des Buches.

Ich wünsche Ihnen viel Spaß auf Ihrer stimmlichen Entdeckungsreise und freue mich auf Ihren Reisebericht!

Eva Loschky

Die Stimme – das unbekannte Phänomen

Ihre Stimme ist auf der einen Seite ein rein physikalisches Phänomen, eine Schwingung Ihrer Stimmlippen, die 100- bis 1000-mal in der Sekunde stattfindet. In der Umgangssprache nennt man die Stimmlippen Stimmbänder. Dieser Ausdruck ist falsch, weil die Stimm*bänder* erst zusammen mit Muskulatur, Bindegewebe, Nerven, Gefäßen und verschieblicher umhüllender Schleimhaut die schwingende Einheit der Stimm*lippen* bilden. Stellen Sie sich Ihre Stimmlippen wie die Lippen Ihres Mundes vor, nur viel kleiner – sie sind anderthalb bis zwei Zentimeter lang – und weiß. Der Ton, der durch die Schwingungen der Stimmlippen erzeugt wird, entwickelt seinen individuellen Klang, seine spezielle Klangfarbe im Wesentlichen durch die Form Ihres Rachen- und Mundraumes. Ihre Stimme wird dadurch einmalig und ist so einzigartig, dass in der Kriminalistik über die Stimme Ihre Person identifiziert werden kann.

Auf der anderen Seite ist die Stimme Ihr wichtigstes Ausdrucksmittel. Über die Stimme schwingt Ihre innere Welt nach außen in die Welt des Zuhörers und vermittelt neben der inhaltlichen Aussage Ihre individuelle Stimmung. Ihre Stimme spiegelt immer Ihr vegetativ-emotionales Innenleben – ob Sie es wollen oder nicht. Die Stimme Ihres Gesprächspartners teilt Ihnen etwas über dessen Stimmung mit und hilft Ihnen, diesen Menschen zu verstehen. Manchmal ist »die Stimmung richtig gut«, ein anderes Mal leiden Sie unter der »schlechten Stimmung« und sind froh, wenn sich die Atmosphäre wieder lichtet.

Jeder, der nicht über die volle Kraft seiner Stimme verfügt, erlebt dies als Reduzierung seines persönlichen Ausdrucks und als Einschränkung seiner Lebensqualität. Er kann sein inneres Potenzial nicht über die Stimme zeigen. Die inneren Schätze bleiben deshalb weiter im Verborgenen.

Vielleicht bewegt Sie genau dieser Aspekt zum Lesen des Buches: Sie möchten mit Ihrer Stimme Ihre Gedanken, Ihr Erleben, Ihr Empfinden und Ihre Fähigkeiten ausdrücken können oder gleichzeitig wissen, wie Ihre Stimme bei Aufregung und Lampenfieber, vor einer großer Gruppe oder im wichtigen Verkaufsgespräch zuverlässig funktioniert. Sie möchten den »richtigen Ton« treffen. Oder Sie haben den gleichen Wunsch wie eine meiner Klientinnen: »Ich möchte lernen, meine Stimme zu erheben«.

Die überragenden stimmlichen Fähigkeiten eines Säuglings

Ihr Geburtsschrei lag wie die ersten Schreie aller Babys dieser Welt beim berühmten Kammerton »a«. Das ist der Ton, nach dem die Orchester ihre Instrumente stimmen. Bei diesem Schrei schwingen die Stimmlippen des Babys etwa 440 Mal in der Sekunde – viel schneller als der Flügelschlag eines Kolibri! Jedes Baby entwickelt anschließend eine Klangpalette, die kein Spitzensänger dieser Welt überbieten kann. Auch Sie verfügten damals über diese unglaublichen stimmlichen Möglichkeiten.
Sie wurden geboren mit einer Art Weltsprache und erwarben Ihre Muttersprache allein durch Imitation Ihrer Hauptbezugspersonen. Sie mussten aus Ihrer großen stimmlichen Klangpalette eine Auswahl treffen, um die deutsche Sprache mit den Ihnen bekannten Lauten erlernen zu können. Sie hätten genau so gut Chinesisch oder Russisch gelernt, mit den für Sie heute so fremd klingenden Lauten.
Über Ihr Hörvermögen haben Sie einen Laut erkannt und versucht, ihn zu realisieren. Das ist ziemlich schwierig – denken Sie nur an die ersten Sprechversuche kleiner Kinder –, denn sie müssen für einen Laut etwa 60 Muskeln koordinieren.
Dann setzten Sie die Laute zu Wörtern zusammen, um diese wiederum in grammatikalisch richtige Sätze zu fügen. Sie erwarben nach und nach die komplexe Struktur Ihrer Muttersprache. Sie vollbrachten damit eine wahre Höchstleistung. Sie reduzierten Ihre stimmlichen Fähigkeiten, um in die Welt der Kommunikation eintauchen zu können, um andere zu verstehen und selbst verstanden zu werden. Sie wurden ein »soziales Wesen«.

Irgendwann – in der Regel spätestens bei Schuleintritt – ist das Sprechen automatisiert: Sie gebrauchen Ihre Sprache und denken nicht weiter darüber nach. Sie sind in der Lage zu kommunizieren.

Logischerweise übernehmen Sie bei Ihrem Versuch zu imitieren und zu lernen die Sprech- und Atemmuster Ihrer Mutter, Ihres Vaters oder anderer für Sie wichtiger Menschen. Als Kind war ich sehr stolz, wenn ich das Telefongespräch entgegennehmen durfte, mich mit »Eva Loschky« meldete und die Person am anderen Ende der Leitung sagte: »Guten Tag, Frau Loschky. Kann ich bitte Ihren Mann sprechen?«
Leider übertragen sich die guten wie die schlechten Anteile der Sprech- und Atemmuster unserer Hauptbezugspersonen und drücken so unserer Sprechweise und unserem Stimmklang ihren Stempel auf. Beides spiegelt in der Regel nicht mehr unser volles ureigenes Stimmpotenzial wider.
Und jetzt, wo Sie den stimmlichen Anforderungen im Alltag begegnen, spüren Sie Grenzen und Einschränkungen. Sie erleben, wie Ihre Stimme Ihren persönlichen Ausdruck reduziert. Sie möchten Ihr Potenzial leben und mit Ihrer Stimme überzeugen. Sie wollen die Qualität Ihrer eigenen Stimme und Sprechweise erfolgreich verändern. Sie spüren den Wunsch, schlummernde Fähigkeiten aufzuwecken. Sie haben die Möglichkeit, Ihre Grenzen selbstbestimmt zu erweitern. Sie halten dieses Buch über Stimmtraining in der Hand – damit gehören Sie zu jenen, die ihr stimmliches Ausdruckspotenzial erforschen, erweitern und zeigen möchten.

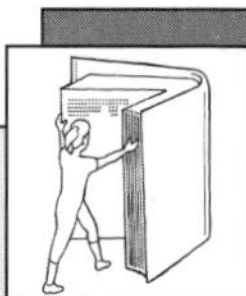

- Ihre Stimme ist nicht angeboren, sondern erlernt.
- In Ihnen steckt eine stimmliche Klangpalette, die Sie reaktivieren können.
- Stimmmängel sind mit gutem Training jederzeit wieder behebbar.

Entdecken Sie Ihre Stimme

Wenn Sie Ihre Stimmqualität verbessern möchten, ist es wichtig, dass Sie zuerst Ihre Stimme besser kennen lernen. Deshalb möchte ich Ihnen zu Beginn ein paar Fragen stellen.
Vielleicht machen Sie sich ein paar Notizen. So können Sie zu einem späteren Zeitpunkt Ihrer stimmlichen Forschungsreise noch einmal dieselben Fragen durchgehen und Veränderungen feststellen. Beantworten Sie folgende Fragen:

- ❑ Sprechen Sie manchmal zu leise oder zu hoch?
- ❑ Verspüren Sie Anstrengung, wenn Sie laut oder lange sprechen müssen?
- ❑ Reizt das Sprechen Ihren Hals?
- ❑ Stört Sie immer wieder der Frosch im Hals?
- ❑ Fühlen Sie sich vor einer Gruppe manchmal blockiert?
- ❑ Geraten Sie beim Sprechen in Atemnot? Werden Sie kurzatmig?
- ❑ Versagt Ihre Stimme manchmal?
- ❑ Schweigen Sie lieber am Abend, weil Ihre Stimme müde ist?
- ❑ Haben Sie öfter eine Erkältung?
- ❑ Werden Sie nicht verstanden?
- ❑ Müssen Sie sich ständig räuspern?
- ❑ Trauen Sie sich zu singen?
- ❑ Sie singen gerne, aber es strengt Sie an?
- ❑ Können Sie unbekümmert und laut rufen?

Bei welcher Frage fühlen Sie sich angesprochen? Welche Frage fügen Sie hinzu? Lehnen Sie sich zurück, lassen Sie Ihren Blick schweifen und nehmen Sie sich einen kleinen Moment Zeit, um Ihren individuellen Satz zu finden. Wenn Sie Lust haben, schreiben Sie ihn auf.

Es gibt viele Redewendungen, die sich auf das Sprechen beziehen:
Mir hat es die Sprache verschlagen! Da bleibt mir die Stimme im Hals stecken! Da fehlen mir die Worte! Es schnürt mir die Kehle zu! Ich habe einen Kloß im Hals! Da bleibt mir glatt die Luft weg! Ich muss nach Luft schnappen! Ich brauche einen langen Atem! Das möchte ich in die Welt hinausposaunen!
Diese Liste können Sie fortsetzen – es fällt Ihnen bestimmt noch etwas dazu ein. Vielleicht finden Sie sogar etwas, was es nur in Ihrem Dialekt gibt! So sagen zum Beispiel die Bayern »I kriag an Hois!«

Möglicherweise hören Sie an dieser Stelle innerlich noch Sätze aus Ihrer Kindheit:
Sprich nicht so laut! Sprich lauter! Sag's noch einmal, ich habe es nicht verstanden! Du nuschelst so! Halt jetzt endlich den Mund!

Fällt Ihnen ein Lob zu Ihrer Stimme ein? Was sagte Ihre Mutter, Ihr Vater, Ihr Lehrer zu Ihnen? Nehmen Sie sich ein wenig Zeit, darüber nachzusinnen. Es lohnt sich.
Wenn Sie zurückdenken: Welches Lob, welches Kompliment zu Ihrer Stimme hat Sie am meisten gefreut? Sprechen Sie es noch einmal laut zu sich selbst. Genießen Sie die wohltuende Wirkung dieser Worte! Spüren Sie das kleine Lächeln, welches dies Lob in Ihr Gesicht zaubert.

Beispiel

Jacques J., 48 Jahre alt, selbstständiger Architekt, nahm an einem einwöchigen Stimmtraining teil. Jacques' Stimme trägt gut, sie klingt weich und dennoch kräftig. Er wird überall gut verstanden. Jacques ist sehr sportlich, fährt Ski, macht Bergtouren, skatet und segelt. Yogatraining gehört zu seinem Alltag. Ihn hat die Neugierde in das Seminar getragen: Wie sieht ein Körpertraining kombiniert mit Stimmgebung aus?
Als Jacques in der Gesprächsrunde etwas über sich mitteilt, legt ihm Klaus eine Hand auf den Rücken und unterbricht ihn überrascht: »Bei dir vibriert ja der ganze Rücken, wenn du sprichst!« Alle Teilnehmer wollen nun füh-

len. Jacques muss reden und summen, während die anderen ihre Hände auflegen. Überall am Brustkorb und am Rücken, ja sogar an der Hüfte spüren die Teilnehmer die Vibration der Stimme. Jeder kann so erleben, wie die Schwingungen der Stimme sich im Körper ausbreiten, wie die Knochen zu schwingenden Stimmgabeln werden!
Jacques selbst ist total überrascht und berührt von diesem Phänomen. Er selbst sieht sich nicht so sprachgewandt und hat als Legastheniker mit dem schriftsprachlichen Ausdruck echte Schwierigkeiten. Seine überragenden stimmlichen Fähigkeiten hat er deshalb nie wahrgenommen, geschweige denn geschätzt. Noch heute erzählt Jacques gerne von diesem Erlebnis und ist stolz auf seine wohlklingende Stimme.

Ein Wunschzettel für Ihre Stimme

Bevor Sie die nächste Aufgabe anpacken, lassen Sie noch einmal das Lob, welches Sie über Ihre eigene Stimme bekommen haben, auf der Zunge zergehen. Genießen Sie.
Nun überlegen Sie: Welche Kritik über Ihre Stimme hat Sie am meisten getroffen? Schreiben Sie den Satz auf und lassen Sie die Kritik wirken. Spüren Sie, wie Ihre Energie augenblicklich sinkt? Solche Sätze, die wir leider gern verinnerlichen, rauben uns unsere Energie. Es wird Zeit, sich davon zu verabschieden!
Bei meiner Arbeit als Stimmtrainerin und Logopädin höre ich Sätze negativer Art jeden Tag: Vor mir sitzen dann Menschen, die ihre Stimme im beruflichen Alltag ständig gebrauchen müssen, die erschöpft und stimmmüde sind. Andere wiederum beklagen, dass sie ihr stimmliches Potenzial nicht ausnutzen können und schnell an ihre stimmlichen Grenzen stoßen.
In unserem ersten Gespräch frage ich immer nach den Problemen mit der Stimme, aber auch nach den Wünschen für die Stimme.
Wenn ich frage »*Welches Stimmproblem führt Sie zu mir?*«, purzeln die Antworten aus den Menschen nur so heraus: »Ich werde schnell heiser, meine Stimme trägt nicht, ich kann nicht lange reden, ich spreche nur mit dem Hals, ich spreche zu hoch, ich piepse, meine Stimme ist brüchig, beim

Sprechen tut mein Hals weh, ich spreche zu leise, bin ständig erkältet ...«
Wie würden Sie Ihre Stimme charakterisieren?
Jetzt frage ich Sie: »*Was gefällt Ihnen an Ihrer Stimme?*« Wenn Sie diese Frage beantworten, formulieren Sie positiv, lassen Sie Wörter wie »nicht« oder »kein« weg: »Meine Stimme klingt weich«, statt »Meine Stimme ist nicht schrill.« Finden Sie mindestens fünf Stimmpluspunkte, auch wenn Sie dafür ein bisschen Zeit brauchen. Es ist Zeit, die sich lohnt.
Und nun frage ich Sie: »*Was wünschen Sie sich für Ihre Stimme?*« Finden Sie mindestens fünf Wünsche und formulieren Sie diese positiv – zum Beispiel: »Ich möchte die ganze Teamsitzung über laut, klar und melodisch reden können.« Nehmen Sie sich Zeit, erlauben Sie Ihren Wünschen, groß zu werden. Denken Sie an das Schreiben von seitenlangen Wunschzetteln vor Weihnachten!

Wenn ich meinen Klienten die Frage nach den Wünschen stelle, dauert es in der Regel ein wenig länger, bis sie antworten. Doch dann klingen die Antworten ruhig und sicher: »Ich möchte eine klare Stimme haben, meine Stimme soll kräftig, klangvoll und belastbar sein, ich möchte gehört und verstanden werden, ich möchte den richtigen Ton finden, eine überzeugende Stimme haben, meine Stimme soll mit dem Körper verbunden sein, ich möchte authentisch sein, den Zugang zu mir selbst finden. Ich möchte richtig atmen können, ich möchte selbstbewusst reden können, ich möchte singen können ...« Selbstbewusstsein, Sicherheit, Ausdrucksfähigkeit sind die Schlagworte, die dabei immer auftauchen.
Vielleicht möchten Sie an dieser Stelle einen Wunsch für Ihre Stimme ergänzen? Tun Sie es.

Sie kennen nun Ihre stimmlichen Schwächen. Sie wissen, welches Lob über Ihre Stimme gut tut. Sie kennen Ihre Wünsche für Ihre Stimme und haben ein »stimmiges« Ziel.

Meine Erfahrung

Ich habe als Kind immer gerne gesungen. In dem Forstamt, in dem ich ein paar Jahre meiner Kindheit verbrachte, gab es das so genannte »Büroklo«, welches einen wunderbaren Hall hatte. Hier schmetterte ich meine Lieder – bevorzugt dann, wenn ich meiner Schwester beim Spülen helfen sollte – und fühlte mich wohl und ungestört. Nie schimpfte jemand mit mir, man lächelte eher wohlwollend über meine »Erlösungsarien«.
Erst in der Schule erlebte ich eine bis dahin nicht gekannte Scham: Ich sollte vorsingen vor der Klasse, die Mitschüler grinsten und kicherten, der Lehrer gab mir eine schlechte Note. Ich fühlte mich gedemütigt. Ich beschloss, in der Schule nicht mehr zu singen und zog das bis zum Abitur konsequent durch. Gott sei Dank freute sich meine Familie weiterhin über meinen Gesang und unterstütze und förderte mich großzügig in meiner stimmlichen Entwicklung.

Bevor ich Sie mit meinem Stimmtraining bekannt mache, möchte ich Sie bitten, noch ein wenig weiter zu forschen, um Ihren möglichen Fehlern beim Sprechen und Singen auf die Spur zu kommen.
Es gibt drei Hauptgruppen von Fehlern, die in der Regel die Qualität der Stimme herabsetzen: Fehler beim Einatmen, Fehler beim Ausatmen und Fehler bei der Artikulation.

Fehler beim Einatmen

Der richtige Einatem beim Sprechen ist der Schlüssel für eine gesunde und belastungsfähige Stimme. Doch hier gibt es eine Vielzahl von Fehlerquellen. Probieren Sie die nachfolgenden Experimente aus und erforschen Sie bei sich und Ihren Freunden und Kollegen die Gewohnheiten.

Der Fisch schnappt nach Luft

Lesen Sie bitte den nächsten Absatz laut vor. Wann immer Sie ein *(schnapp)* finden, ziehen Sie die Luft durch den Mund geräuschvoll ein wie ein Fisch, der nach Luft schnappt.

»Prinzipiell bin ich nicht zufrieden mit *(schnapp)* meiner Sprechweise, weil *(schnapp)* ich glaube, dass sie nicht ganz so ausdrucksvoll ist. Ich *(schnapp)* kann mir zwar mehr Mühe geben und *(schnapp)* deutlicher und voller spre- *(schnapp)* chen oder ein bisschen nachlässiger, was ich meistens tue, wenn *(schnapp)* ich einfach so mit *(schnapp)* jemandem spreche *(schnapp)*. Für mich ist es irgendwie *(schnapp)* anstrengend, wenn ich *(schnapp)* versuche, lauter zu *(schnapp)* sprechen. Ich weiß nicht, ob mir da *(schnapp)* eine gewisse Atemtechnik fehlt.«

Schließen Sie kurz die Augen und spüren Sie, in welche Befindlichkeit Sie dieser häufige kurze Einatem während des Vorlesens gebracht hat. Finden Sie ein Wort, welches Ihr Gefühl dabei charakterisiert.

Stolz auf einen langen Atem

Auch den nächsten Text lesen Sie laut vor und gestatten sich dabei nur dann einen geräuschvollen Einatem, wenn das Zeichen *(schnapp)* es Ihnen erlaubt. Bleiben Sie sehr konsequent, um die Erfahrung des Sprechens »ohne Punkt und Komma« zu machen:

»Ich habe mich zu einem Marathonlauf angemeldet. Ich habe nicht damit gerechnet, dass ich angenommen werde, weil normalerweise viel mehr Anmeldungen da sind, als sie Teilnehmer annehmen. Da dachte ich, das erste Mal *(schnapp)* werde ich auch nicht genommen. Es gibt bestimmte Vorleistungen, bei denen man einen garantierten Startplatz hat. Sonst wird man ausgelost. Inzwischen habe ich einen Startplatz. Da ich nie laufe, habe ich am Wochenende einen Probelauf gemacht und konnte *(schnapp)* auf Anhieb zwei Stunden ohne Pause laufen.«

Halten Sie wieder einen Moment inne, nehmen Sie wahr, wie es Ihnen jetzt geht und suchen Sie wieder einen Ausdruck für Ihr Erleben.

Wie machen Sie es?

Stellen Sie sich einen Freund, eine Freundin oder eine Kollegin vor, mit der Sie in einem Café sitzen. Sie erzählen von Ihrem letzten Urlaub. Benutzen Sie Ihre schauspielerischen Fähigkeiten, sprechen Sie laut und setzen Sie Mimik und Gestik ein. Beobachten Sie Ihren eigenen Atem dabei.
Holen Sie oft Luft oder sprechen Sie möglichst lange auf einen Atemzug? Wie machen Sie das? Und: Ist Ihr Einatem hörbar oder ist er eher lautlos?

Stellen Sie sich jetzt jemanden aus Ihrem Bekannten- oder Kollegenkreis vor und überlegen Sie, wann und wie er atmet, wenn er Ihnen etwas erzählt. Wenn Sie jetzt keine Antwort wissen, dann beobachten Sie bei der nächsten Gelegenheit mal Ihren Kollegen, Ihren Chef: Wie macht er das eigentlich? Wie wirkt das auf Sie?

Vielleicht ahnen Sie es schon: Beide Arten des Einatems während des Sprechens sind alles andere als optimal. Und doch finden wir sie im Alltag ständig, sogar bei Fernsehsprecherinnen.
Die Gründe für Kurz- bzw. Langatmigkeit liegen auf der emotionalen Ebene, sind Ausdruck für Gefühle, aber sie sind auch Ausdruck von Stress. Schwierig wird es, wenn das emotionale und das Stress-Atemmuster immer vorhanden sind, auch dann, wenn Sie Ihrem Team freundlich und gelassen etwas erklären möchten. Ein Grund dafür kann zum Beispiel sein, wenn Sie beim Sprechenlernen ein Gegenüber hatten, welches immer in einem emotionalen Atemmuster gesprochen hat – Sie haben das Atemmuster und die damit verbundene Emotion übernommen und benutzen es nun auch dann, wenn Sie selbst gar nicht in dieser Emotion sind.

- Falsche Atemmuster sind nicht angeboren, sondern erlernt.
- Atemmuster drücken Gefühle aus.
- Atemmuster werden von Stress bestimmt.
- Sie können Ihre Atemmuster jederzeit ändern – das richtige Sprechatemmuster ist für jeden erlernbar.

Der Einatem beim Sprechen gliedert Ihren Text, Ihre Rede in klare Abschnitte. Er teilt die Inhalte in die richtigen Verständnisportionen für Ihren Gesprächspartner. Er ist lautlos, erfolgt reflektorisch und erfordert eine klare muskuläre Körperaktion: Mund, Kehle und Bauch öffnen sich, der Beckenboden dehnt sich, die Knie geben nach – es ist ein Moment des Loslassens, der Entspannung.

Dieses körperliche Tun zu kennen und zu können, ist unbedingt erforderlich für die Regeneration Ihrer Stimme und für Sie selbst. Der Einatem beim Sprechen führt Sie zurück in Ihre eigene Mitte, er lässt Sie in sich ruhen. Sie lernen den richtigen Atem für das Sprechen leicht, wenn Sie verstehen, üben und das Gelernte immer öfter im Alltag einsetzen.

Fehler beim Ausatmen

Der Ausatem versetzt unsere Stimmlippen in Schwingung und erzeugt so den Stimmklang. Stimme ist nichts anderes als in Schallwellen umgewandelter Ausatem. Daraus folgt: Die Qualität des Ausatems bestimmt die Qualität des Tons.

Stellen Sie sich einen Topf vor. Dieser hat einen Boden, Wände und einen Deckel. Der Topf steht auf einer Feuerstelle, Wasser kocht in ihm. Wenn sich genügend Dampf gebildet hat, hebt sich der Deckel ein wenig, Dampf entweicht, der Deckel fällt wieder zu: klapp. Sie kochen weiter und der Deckel klappert unentwegt durch das Sich-Öffnen und -Schließen: klapp-klapp-klapp-klapp-klapp-klaaaaaaaapp.

Unsere Stimme funktioniert genauso:

- Unser Rumpf ist der Topf.
- Der Beckenboden ist der Topfboden.
- Bauch, Po und Flanken sind die Wände.
- Unsere Stimmlippen sind der Deckel.
- Unser Ausatem ist der Dampf.

Das Zwerchfell schiebt den Atem raus, der Beckenboden unterstützt mit seiner feurigen Energie diese Aktivität. Während des Ausatmens beim Sprechen oder Singen öffnen und schließen sich die Stimmlippen blitzschnell, sie fangen an zu schwingen – wie das klapp-klapp-klapp des Topfdeckels, nur ganz schnell. Bei Männern durchschnittlich 110 Mal pro Sekunde, bei Frauen 220 Mal pro Sekunde. Das ist der Ton, Ihre Stimme.
Die Ansatzräume – das sind alle lufthaltigen Räume oberhalb der Kehle wie zum Beispiel Rachen-, Mund- und Nasenraum – verstärken die Töne. Die Schallwellen Ihrer Stimme breiten sich aus: Ihr Körper fängt an zu schwingen, zu klingen. Durch zahlreiche Bewegungsvarianten von Kehlkopf, Gaumensegel, Zunge, Mundbodenmuskulatur, Unterkiefer und Lippen entstehen die Laute, die Artikulation.
Die möglichen Fehler beim Ausatmen sind komplex. Deshalb wähle ich typische Fehlerarten aus und stelle sie Ihnen – etwas vereinfacht – vor:

Knarren und Knacken

Der Deckel schließt zu fest und lässt den Dampf nicht durch. Dies passiert, wenn in den Stimmlippen zu viel Spannung besteht und die Muskulatur – zum Beispiel bei Hals- und Nackenverspannungen – nicht elastisch arbeitet. Dann fangen diese Stimmen an zu knarren wie ein altes Burgtor, das lange nicht mehr geöffnet wurde. Jeder Vokal wird mit einem Knack begonnen.
Probieren Sie mal folgenden Satz mit »geknarrtem a« zu sprechen:
»Am Abend aßen Andreas und Alexandra asiatische Leckereien.«
Spüren Sie die Anstrengung im Hals? Kennen Sie solche Stimmen?

Ein Hauch von Stimme

Die Stimmlippen schließen sich nicht ganz beim Sprechen, es bleibt ein mehr oder weniger großer Spalt. Der Deckel bleibt immer offen, Dampf entweicht immerzu. Diese Stimme hat einen permanenten Hauch, man hört die Ausatemluft neben dem Ton.
Versuchen Sie, Ihre Stimme hauchig und luftig zu machen, wenn Sie den nächsten Satz laut vorlesen:
»Liebling, bringst du mir bitte den Tee ans Bett?«
Nun, wie ist das? Wer aus Ihrem Bekanntenkreis spricht eher so?

Die Arbeitsverweigerung

Wenn die Stimmlippen bei längerem oder lauterem Reden dauerhaft zu starke Spannung haben und die Stimme dadurch gepresst klingt, fängt die überanstrengte Stimmlippenmuskulatur an, ihre Arbeit zu verweigern: Die Stimmlippen schließen nicht mehr und schwingen weniger. Die Stimme klingt heiser, angestrengt, manchmal auch zu laut und schrill, manchmal wird sie sogar tonlos.
Das probieren Sie jetzt besser nicht aus. Überlegen Sie stattdessen, ob das bei Ihnen schon mal so war – zum Beispiel nach einem Fußballspiel, nach einem Besuch in einem lauten Café, nach einem längeren Telefonat oder nach einer Präsentation.
Wer aus Ihrem Bekanntenkreis neigt eher zu dieser fehlerhaften Stimmproduktion?

Die Art und Weise, wie Sie Ihren Atem an die Stimmlippen heranführen, ist ein entscheidendes Kriterium für die Qualität Ihrer Stimme. Nur ein in der Stärke und Strömung exakt abgestimmter und möglichst konstant fließender Ausatem erzeugt einen guten Ton. Ihr Atem ist also der Motor und die Grundlage für Ihre Stimme.
Um den Ausatem für den vollen Stimmklang richtig zu dosieren, brauchen Sie einen kontinuierlichen Aufbau von Körperspannung für eine Sprechsequenz:

- Aufbau von Beckenbodenspannung
- Aufbau von Spannung des innersten, quer verlaufenden Bauchmuskels
- Aufbau von Flankendehnung
- Aufbau von Brustkorbweite.

Wie das geht, erfahren Sie in den Übungen zum Ausatem (S. 64 ff.).

- Der Atem ist der Träger Ihrer Stimme.
- Dynamische Sprechsequenzen entstehen durch den Wechsel von exaktem körperlichem Spannungsaufbau für die Stimme beim Ausatmen und einer hundertprozentigen körperlichen Entspannung für die lösende Einatempause.
- Gelingt der Wechsel, ist die Stimme gesund, klangvoll, kräftig und belastungsfähig.

Fehler bei der Artikulation

Ihre Stimme muss nicht nur gut klingen, parallel dazu müssen Sie die Töne zu den verschiedensten Lauten formen. Ein »r« klingt komplett anders als ein »w«. Stimm- und Sprechbewegungen müssen Sie blitzschnell koordinieren und stoßen dabei auf das komplizierteste motorische System Ihres Körpers.

In Tausendsteln von Sekunden steuern und koordinieren Sie komplexe Bewegungsmuster. Wissenschaftler schätzen, dass das Gehirn allein für die richtige Bewegungsausführung der Stimm- und Sprechorgane während des fortlaufenden Sprechens hundertfünfzigtausend (!) Einzelentscheidungen pro Sekunde treffen muss. Und das ist nun wirklich ein Kunststück! Für

mich ist es ein Wunder, dass so viele Menschen das so richtig und unbekümmert können!
Falls Sie als Erwachsener einen Laut falsch bilden, zum Beispiel das »s«, so können Sie diesen Laut durch Erlernen eines neuen Bewegungsmusters mit Hilfe einer guten fachlichen Anleitung in jedem Alter korrigieren.
Vielleicht haben Sie jedoch ein ganz anderes Problem: Sie sprechen zwar alle Buchstaben korrekt und Sie können auch alle Lautfolgen gut realisieren. Und trotzdem sprechen Sie undeutlich. Was machen Sie dann falsch?

Verschlossen

Sie öffnen den Mund nicht weit genug bei den Vokalen.
Experiment: Übertreiben Sie mal – lassen Sie die Zähne zusammen und erzählen Sie mit zusammengebissenen Zähnen einen kleinen Schwank aus Ihrem Alltag. Wie klingt das?

Rückzug

Die Zunge zieht sich beim Sprechen zu weit in die Mundhöhle zurück, sie wirkt dann wie ein Sektkorken und lässt den Klang Ihrer Stimme nicht zur Entfaltung kommen.
Experiment: Karikieren Sie diesen Fehler, indem Sie die Zunge ganz weit nach hinten ziehen und dann erzählen, was Sie letzte Woche gemacht haben. Wie klingt das?

Ungenau

Die Zunge bewegt sich zu unpräzise und verändert so die Deutlichkeit des Lautes.
Experiment: Lassen Sie einfach mal die Zunge an der unteren Zahnreihe liegen und beschreiben Sie Ihren letzten Restaurantbesuch. Welche Assoziation weckt diese Sprechweise bei Ihnen?

- Für eine gute Artikulation müssen Mund- und Zungenmuskulatur sehr präzise zusammenarbeiten.
- Artikulationsfehler können unter logopädischer Anleitung und mit gutem Training in jedem Alter beseitigt werden.
- Jeder kann lernen, deutlich und klangvoll zu sprechen.

Der Einatem – Moment der Ruhe vor dem Klang

Sie sitzen mit einem Freund in einer kleinen Osteria. Gemeinsam bestellen Sie sich eine gute Flasche Barbera. Kurze Zeit später stellt der Ober einen duftenden Teller Spagetti vor Ihren Freund. »Möchtest du eine Gabel?« – da sagen Sie doch nicht Nein. Leider macht Ihr Freund die Gabel viel zu voll, statt Genuss ein bisschen Verdruss: Sie kämpfen mit dem zu großen Bissen. Sie haben Mühe zu kauen, den Bissen klein zu kriegen, zu schlucken. Sie würgen ihn hinunter und können nicht genießen. Schade!
Am liebsten ist es Ihnen, der Bissen hat die für Sie genau richtige Größe: Sie können dann gut kauen, fein schmecken, das Gericht entfaltet sich in Ihrem Mund.

Sie möchten Ihrem Team, Ihren Schülern, Ihrem Kunden etwas Wichtiges mitteilen und haben den Inhalt Ihrer Rede gut im Kopf – Ihr »Gericht«. Jetzt müssen Sie Ihre Rede in sinnvolle Abschnitte einteilen – »mundgerechte Bissen«. Ihr Werkzeug dafür ist der Einatem. Der Einatem verhält sich in Bezug auf Ihren Text wie Messer und Gabel: Er zerteilt den Text beim Sprechen in angemessene »sinnerfassende Einheiten«, die Ihre Zuhörer aufnehmen und verstehen können.
Eine sinnerfassende Einheit sollte sieben bis vierzehn Wörter nie überschreiten. Denn die moderne Kommunikationsforschung hat herausgefunden, dass über fünfzig Prozent der erwachsenen Zuhörer Sätze mit mehr als vierzehn Wörtern nicht mehr verstehen.
Sicher ahnen Sie jetzt, wie wichtig die richtige Gliederung Ihrer Sätze mit Hilfe des Einatems ist. Nur wenn Sie Ihren Zuhörern das richtige Häppchen und Zeit zum Kauen – zum Verstehen – geben, können diese aufmerksam bleiben. Sind die Bissen zu groß, werden sie zu unverdaulichen Brocken. Die Zuhörer schalten innerlich ab.

Ihre lautlose Einatempause beim Sprechen – an die richtige Stelle gesetzt – gibt Ihrem Zuhörer die Möglichkeit, das Gesagte zu hören, zu verstehen und sich damit gedanklich auseinander zu setzen. Einen guten Redner erkennen Sie daran, dass Sie seinen Gedanken mühelos folgen können – seine Bissen munden. Seine Einatempause räumt Ihnen Zeit zum Nachdenken ein. Und wer Zeit hat, entspannt! Außerdem werden Sie in der Pause neugierig auf den nächsten Gedanken.
Gleichzeitig entspannen Sie selbst in jeder Einatmung muskulär, während Sie beim Sprechen, also beim Ausatmen, Muskelspannung aufbauen müssen. Gelingt Ihnen das Wechselspiel von Spannung und Entspannung, können Sie stundenlang ohne Anstrengung reden. Und Ihre Zuhörer genießen das Gesagte.

Unbewusst machen die Zuhörer in der Face-to-Face-Situation alle Sprech-, Stimm- und Atembewegungen des Sprechers in abgeschwächter Form mit fünf Millisekunden Verzögerung körperlich mit. Über dieses innere Mitsprechen kann sich der Zuhörer das Gesagte besser merken. Das innere Mitsprechen bleibt jedoch bei einem »Fernsehgegenüber« aus. Lernen ist deshalb nach wie vor mit einem realen Lehrer effektiver – im Gegensatz zum Lernen mit Video. Keine noch so gute Computerkonferenzschaltung ersetzt das persönliche Gespräch, kein noch so spannender Märchenfilm das Vorlesen am Abend.

- Der Einatem gliedert die Rede in sinnerfassende Einheiten.
- Eine sinnerfassende Einheit sollte sieben bis vierzehn Wörter nie überschreiten.
- Die Einatempause ist wichtig für die Regeneration der Stimme.

Beispiel

Manuela S., 34 Jahre alt, Fachjournalistin, hat in ihrem Beruf sehr viel Erfolg. Sie schreibt Artikel und moderiert Rundfunksendungen und Fachtagungen. Ihre lebhafte, spritzige und schlagfertige Art kommt sehr gut an. Die Kritik eines Veranstalters trifft sie: »Sie sprechen zu hastig, zu schnell und manchmal auch zu laut. Dadurch verbreiten Sie Hektik – das stört sehr!« Manuela nimmt sich die Kritik zu Herzen und entscheidet sich für ein Stimmcoaching bei mir.

Im ersten Gespräch schildert Manuela ihre stimmlichen Probleme, entwickelt ihre Wünsche für ihre Stimme und formuliert das Ziel des Stimmtrainings. Wir stecken uns einen zeitlichen Rahmen für das gesamte Coaching und besprechen den nächsten Schritt.
Da Manuela in der folgenden Woche eine Rede halten muss, liegt es nahe, dass ich zu dieser Veranstaltung komme. So kann ich mir ein reales Bild von Manuelas Auftreten machen. Gleichzeitig werde ich diese Rede zur späteren Analyse auf Video aufnehmen lassen.
Beim Betrachten des Videos wird auch Manuela klar, dass sie im wahrsten Sinn des Wortes ohne Punkt und Komma redet und die Zuhörer mit ihren Worten überflutet. Mit witzigen Anekdoten und sinnreichen Metaphern kann Manuela immer wieder die Aufmerksamkeit der Zuhörer locken. Trotzdem ist es sehr anstrengend, ihren Ausführungen auf Dauer zu folgen.

Manuela kennt kaum Pausen in ihrem Leben: Ihre knappe Freizeit ist mit Aktivität angefüllt, Urlaub gab es seit Jahren nicht mehr. Ich schlage Manuela vor, auf zwei Ebenen parallel zu arbeiten:

1. Manuela soll jeden Tag eine zwanzigminütige Pause in ihren Alltag integrieren: einen Moment des Innehaltens und Nichtstuns. Wenn sie diese Zeit für einen Spaziergang nutzen möchte, dann muss sie darauf achten, dass sie nichts nebenbei erledigt – zum Beispiel schnell noch den Rock in die Reinigung bringen. Außerdem soll Manuela konkret Regenerationsphasen für das Jahr planen: Urlaub ohne Handy, Laptop oder Fachbuch.

2. In wöchentlichen Sitzungen bei mir lernt Manuela die richtigen Körperaktionen für die Einatempause beim Sprechen. Langsam entdeckt sie die Qualität ihres inneren Körperraumes und die damit verbundene Gelassenheit und Ruhe.

Ein erstes Kompliment erhält sie vier Wochen später von diesem kritischen Veranstalter: »Frau S., Sie wirken so entspannt und ausgeruht. Waren Sie im Urlaub?«

Meine Erfahrung

In der Freien Volksbühne in Berlin erzählte der damals neunzigjährige Bernhard Minetti Märchen. In einer dunkelblauen Königsrobe saß der berühmte Schauspieler auf einem großen Sessel und fing an. Seine Pausen zwischen den einzelnen Sprechsequenzen waren so groß, dass ich einmal dachte, er sei eingeschlafen. Der Saal war ausverkauft. Es blieb mucksmäuschenstill. Die große Ruhe des alten Herrn entspannte mich und offensichtlich alle anderen auch. Gleichzeitig ermöglichten mir die Pausen, in meine ganz eigene Bilderwelt einzutauchen.
Und das genau ist die Kunst eines guten Redners: In der gesprochenen Sinneinheit entwickelt er vor seinem inneren Auge ein Bild für das Gesagte. In der Pause, die er für den Einatem braucht, hat der Zuhörer die Chance, sein eigenes Bild zu finden. Gelingt es dem Redner, beim Zuhörer Bilder entstehen zu lassen, hat er gewonnen: Die Zuhörer hängen gebannt an seinen Lippen. Die Kunst einer guten Rede liegt also in der Entwicklung von inneren Bildern und in der Pause – »In der Ruhe liegt die Kraft.«

Die rhythmisch-dynamische Bedeutung unserer Atmung

Das Zwerchfell ist unser wichtigster Atemmuskel und arbeitet unermüdlich: Vierzehn Mal pro Minute und über zwanzigtausend Mal pro Tag bewegt sich das Zwerchfell nach unten durch Verkürzung und nach oben

durch Dehnung seiner Muskulatur. Es bildet das flexible Dach eines muskulären Behälters. Dieser Behälter wird auch Bauchkapsel genannt. Nach unten ist die Bauchkapsel durch die Beckenbodenmuskulatur abgeschlossen. Die Bauchwandmuskulatur bildet die vorderen und seitlichen Wände, die Rückenmuskeln formen die hintere Wand dieses inneren Körperraumes.
In der Bauchkapsel finden die Organe wie Leber, Magen, Milz, Niere, Darm, Geschlechtsorgane usw. ihren Platz. Alle Bewegungen des Zwerchfells lassen die Wände der Bauchkapsel und die Organe dynamisch reagieren. Genauso ist es umgekehrt: Alle Bewegungen des Beckenbodens wirken sich auf das Dach des Zwerchfells und die Wände der Bauchkapsel aus.
Die Bauchkapsel bildet eine innere Einheit, deren Teile in Abhängigkeit voneinander agieren. Ihre gute Funktion ist wichtig für ein gesundes Leben und eine gesunde, klangvolle Stimme. So ist zum Beispiel der berühmte untere Kreuzschmerz meist auf eine Dysfunktion der Bauchkapsel (sei es eingeschränkte Beckenboden- oder Zwerchfellbeweglichkeit, sei es eine Inaktivität des Unterbauches) zurückzuführen. Auch bei den funktionellen Stimmproblemen ist in der Regel die Beweglichkeit der inneren Einheit ebenfalls eingeschränkt.

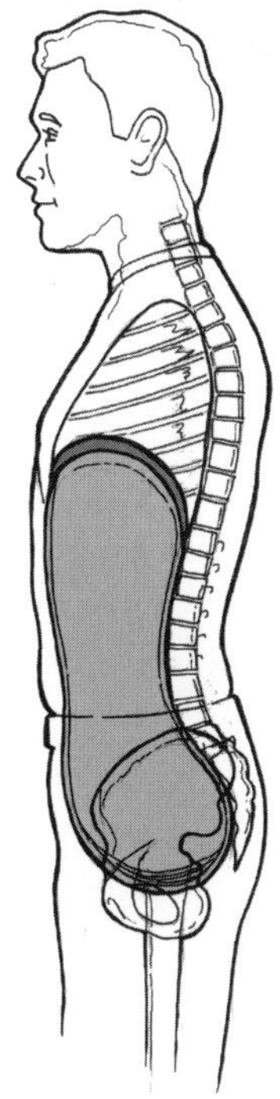

Beckenboden, Bauchwand, Rückenmuskeln und Zwerchfell bilden eine innere Einheit: die Bauchkapsel.

Das Zwerchfell – unser Hauptatemmuskel

Das Zwerchfell liegt wie die Kuppel eines Domes über den Bauchorganen. Es besteht aus einer dünnen Muskelschicht, die mit dem Brustkorb und der Lendenwirbelsäule verbunden ist.
Das Zwerchfell bildet eine auf- und abschwingende Trennwand zwischen den beiden Körperhöhlen Brustraum und Bauchraum. Es ist eng mit der Lunge verbunden, wie zwei feuchte Glasplatten, die man nicht mehr trennen kann. Deshalb muss die Lunge jeder Bewegung des Zwerchfells folgen. Auch der Herzbeutel ist mit dem Zwerchfell verwachsen, so dass das Herz jede Bewegung des Atemmuskels mitmachen muss.

Das Zwerchfell ist ein großer, kuppelartiger Muskel, der Brust- und Bauchraum voneinander trennt.

Beim Einatmen flacht sich die Kuppel nach unten ab und nimmt die Lunge dabei mit. Diese vergrößert sich, es entsteht ein Vakuum, Luft muss einströmen. Gleichzeitig öffnen und dehnen sich Unterbauch und Beckenboden, damit die Bauchorgane nach unten ausweichen und der Lunge Raum geben können. Sogar die Knie geben nach, damit der Beckenboden sich dehnen kann. Bei durchgedrückten Knien ist der Beckenboden in einer

Anspannung und nicht reaktionsfähig. Beim Einatmen weitet sich also der Unterbauch passiv, nicht etwa, weil er sich mit Luft füllt – die Luft geht selbstverständlich in die Lunge, unser Atmungsorgan –, sondern weil die Eingeweide der Lunge Platz machen müssen. Zusätzlich dehnt sich auch der Brustkorb, um noch mehr Volumen für die Lunge zu schaffen.
Beim Ausatmen wölbt sich das Zwerchfell wieder zu einer Kuppel nach oben und die Luft strömt aus der Lunge heraus – genau wie bei einem Blasebalg, der zusammengeschoben wird. Der Unterbauch geht nach innen, der Beckenboden reagiert und unterstützt die Bewegung des Zwerchfells durch seine Muskelaktivität. Die Eingeweide haben wieder viel Platz in ihrer Bauchkapsel. Der Brustkorb zieht sich zusammen, um die Ausatmung zu vertiefen.

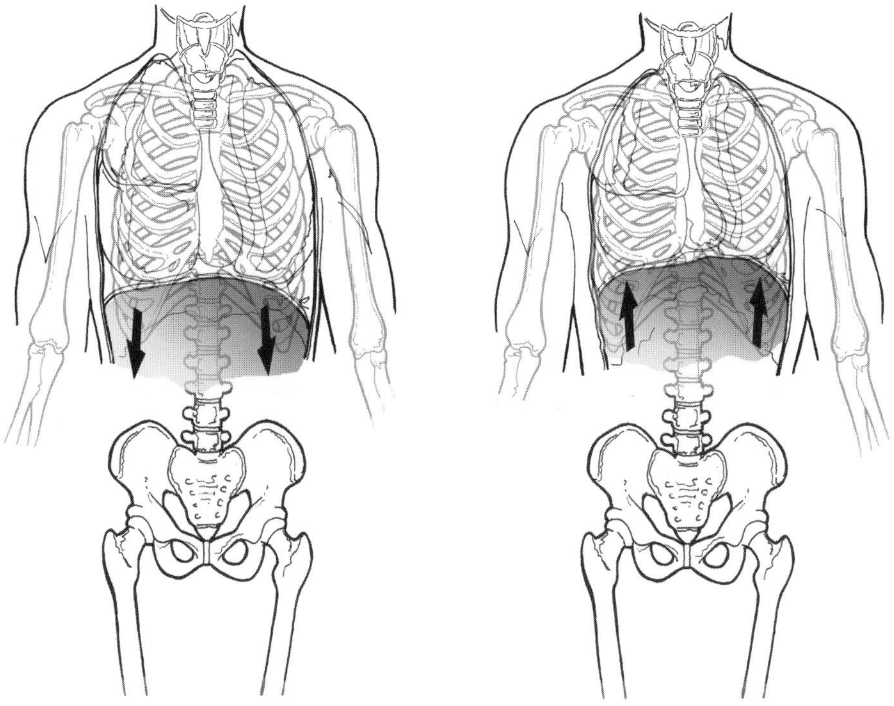

Die Lunge macht jede Bewegung des Zwerchfells mit: Sie dehnt sich bei der Einatmung und verengt sich bei der Ausatmung.

Sechshundert oder zweitausend Meter am Tag?

Bei einem Menschen, der sich sehr viel bewegt und der keine die Bewegung einschränkenden Bauchnarben hat, beträgt der Weg des Zwerchfells von Ein- zu Ausatmung bis zu zwölf Zentimeter. Laut Studien des amerikanischen »Atemforschers« Carl Stough schafft das Zwerchfell eines Durchschnittamerikaners, der sich im Alltag zu wenig bewegt, nur noch drei Zentimeter, beim Asthmatiker erstarrt es in der Krise und flattert nur ein wenig.
Gesund ist eine Zwerchfellbewegung von sechs bis acht Zentimetern. Diese erreichen Sie ganz einfach, indem Sie viel Bewegung bewusst in Ihren Alltag integrieren: Treppensteigen, Fußwege von mindestens fünfzehn Minuten einplanen, spazieren gehen, joggen, Rad fahren, worauf immer Sie Lust haben – tun Sie es am besten gleich und immer wieder!
Eine andere Möglichkeit, das Zwerchfell zu aktivieren, ist singen. Singen ist für die Stimmlippen- und Atemmuskulatur wie Jogging für die Körpermuskulatur. Da die Menschen immer weniger laut vor sich hinträllern, verkümmern die Stimmorgane zusehends. Außerdem verkleinert sich das Atemvolumen, denn Singen verlangt mehr Ausatem als das Sprechen. Wenn Sie das nächste Mal unter der Dusche stehen, dann trällern Sie lauthals! Ob Sie dabei richtig oder falsch singen, spielt keine Rolle – Hauptsache ist, Sie bewegen Ihre Stimm- und Atemmuskulatur.
Wenn sich das Zwerchfell über zwanzigtausend Mal am Tag bewegt, dann legt es je nach Atemtiefe viele Meter pro Tag zurück, zwischen sechshundert und mehr als zweitausend Metern. Die Atmung schenkt Ihnen durch ihre Bewegung einen inneren Rhythmus und eine innere Dynamik. Darüber hinaus gewährt sie Ihren Organen eine wunderbare Massage: Allein die Niere legt aufgrund der Zwerchfellbewegungen pro Tag über dreihundert Meter zurück.

> All life begins and ends with an exhale.
> (Alles Leben beginnt und endet mit einer Ausatmung.)
>
> Carl Stough, 1968

Willkommen Körper

Um Ihren Kopf zu entlasten, schlage ich Ihnen jetzt eine kleine Wahrnehmungsübung zur Zwerchfellbewegung vor: Lassen Sie eine CD mit Meeresrauschen spielen, das verstärkt die erfrischende Wirkung der Übung.
Legen Sie sich bequem auf den Rücken, ein flaches Kissen unter den Kopf. Wenn Ihnen leicht kalt wird, legen Sie eine Decke bereit. Nun reiben Sie Ihre Handflächen fest gegeneinander, damit sie so richtig warm werden. Anschließend legen Sie beide Hände auf Ihren Unterbauch, also auf den Bereich zwischen Bauchnabel und Schambein. Falls diese Stellung unbequem für Ihre Arme ist, legen Sie einfach je ein Kissen rechts und links unter Ihre Arme.

Willkommen Zwerchfell

Schließen Sie die Augen und spüren Sie die Wärme Ihrer Hände auf Ihrem Unterbauch. Vielleicht ist es auch umgekehrt und Ihre Hände nehmen die Wärme Ihres Bauches auf. Ohne Ihren Atemrhythmus zu ändern, stellen Sie sich vor, dass bei jeder Ausatmung die Wärme zunimmt, so wie das Licht heller wird, wenn man den Dimmschalter aufdreht. Bleiben Sie für ein paar Minuten bei dieser Vorstellung.
Dann realisieren Sie – wiederum ohne Ihren Atem willentlich zu beeinflussen – die dehnende Bewegung des Ein- und die zurückkehrende Bewegung des Ausatmens – wie eine Welle, die kommt und geht. Stellen Sie sich vor, Sie liegen auf Ihrer Trauminsel auf dem weißen Sandstrand und hören sanfte Wellen, die an den Strand plätschern. Zwischen den einzelnen Wellen entstehen kleine Pausen und Stille.
Wie die Wellen des Ozeans, so sind auch die Atemwellen unterschiedlich groß. Freuen Sie sich über die Feinheit der Bewegung, genießen Sie ein paar Minuten die wohlige Organmassage, die Ihnen Ihre Atemmuskulatur schenkt.

Willkommen Brustkorb

Nun legen Sie Ihre Hände an die unteren seitlichen Rippen Ihres Brustkorbs, stützen Ihre Arme gegebenenfalls wieder bequem durch Kissen ab und erleben den wohltuenden Wärmeaustausch zwischen Hand und Brustkorb. Versuchen Sie die Schultern zu entspannen, lassen Sie den Kiefer los, die Zungenspitze liegt hinter Ihren oberen Schneidezähnen. Ruhen Sie aus.

Nach einer Weile stellen Sie sich vor, wie bei jedem Ausatem der Brustkorb kleiner und beim Einatmen wieder größer wird. Lassen Sie Ihren Atem kommen und gehen, wie er es möchte – Ihr Körper macht das alles richtig und gut. Sie nehmen nur wahr und beobachten wohlwollend.
Bleiben Sie so lange in der Position, wie Sie Lust haben.

Willkommen Flanken

Drehen Sie sich nun in Bauchlage, die Arme neben den Körper. Beobachten Sie, wie jetzt der Atem den Bereich der Flanken – das ist das weiche Gebiet rechts und links der Wirbelsäule zwischen Brust und Becken – bewegt. Legen Sie Ihre Hände auf Ihre Flanken und wärmen Sie damit auch Ihre Nieren. Spüren Sie die Atembewegung.

Willkommen Körper

Wenn Sie noch mehr Atemforschung betreiben möchten, legen Sie sich jetzt in Ihre bevorzugte Schlaflage. Nehmen Sie wahr, wo die Atemwelle Ihren Körper ganz wie von selbst ausdehnt und wieder zurückschwingen lässt. Lassen Sie Ihre Hände wärmen, fühlen, wahrnehmen, Sie haben Zeit. Entspannen Sie.

- Das Zwerchfell ist unser Hauptatemmuskel.
- Das Zwerchfell bildet mit den Körperwänden, dem Beckenboden und den inneren Organen eine Bewegungseinheit.
- Je freier das Zwerchfell arbeiten kann, desto gesünder sind Sie, desto klangvoller und belastungsfähiger ist Ihre Stimme.
- Ihr Zwerchfell tut seine Arbeit, ob Sie möchten oder nicht.
- Sie können seine Aktivität durch Bewegung, Singen und Sprechen unterstützen.

Die körperlich integrierte Einatempause

Die Einatempause gliedert nicht nur Ihre Rede, sondern sie unterbricht auch die Monotonie des Gesagten. Denn in dieser Pause können Sie von hoch nach tief oder von laut nach leise wechseln. In der Einatempause können Sie Ihr Sprechtempo ändern. Sie entscheiden in der Pause selbstbewusst, wie Sie Ihre nächste Sprecheinheit gestalten. Darüber hinaus ändert die Pause die emotionale Aussage.
Das probieren Sie am besten gleich mit dem folgenden Satz aus – das //-Zeichen steht für die Einatempause. Sprechen Sie laut:

ÜBUNG

Einatemvariationen

Variation 1:
Für mich wäre es am allerschönsten // wenn wir uns am nächsten Sonnabend in einem Café // am Lietzensee treffen könnten.

Variation 2:
Für mich // wäre es am allerschönsten // wenn wir uns am nächsten Sonnabend // in einem Café am Lietzensee treffen könnten.

Variation 3:
Für mich wäre es am allerschönsten, wenn wir // uns am nächsten Sonnabend in einem Café am Lietzensee // treffen könnten.

Variation 4:
Für mich wäre es am allerschönsten, wenn wir uns nächsten Sonnabend in einem Café am Lietzensee treffen könnten. //

Sie haben sicherlich deutlich die Unterschiedlichkeit der einzelnen Aussagen entdecken können. Wenn nicht, probieren Sie es einfach noch einmal oder bitten Sie einen Freund, eine Freundin, die Sätze mit verschiedenen Pausen zu sprechen.
Ganz einfach, denken Sie jetzt vielleicht, dann markiere ich in Zukunft die Pausen in meinem Text mit einem senkrechten Strich. Sie könnten dann noch die Wörter fett schreiben, die Sie betonen möchten oder die Sinneinheiten kursiv setzen, wo Sie das Sprechtempo verlangsamen möchten.
Diese Hilfen sind unter Umständen nützlich und in mehreren Rhetorikbüchern überzeugend dargestellt. Doch sie fixieren uns auf den Text und sind schwer übertragbar auf die freie Rede, das Verkaufsgespräch oder die Teamsitzung. Sie bieten keinen körperlichen Anker und funktionieren deshalb nicht in Alltagssituationen. Gleichzeitig betonen sie unsere Kopflastigkeit, die unsere Kultur sowieso schon prägt.

Die Einatmung während des Sprechens und Singens ist mit exakter Muskelreaktion des Mundes, der Stimmlippen, des Zwerchfells, des Brustkorbs, des Unterbauches, des Beckenbodens, der Knie, ja sogar der Fußsohlen verbunden. Wenn Sie diese Muskelreaktion beherrschen, werden Sie in alltäglichen Situationen über einen einfachen, aber wirkungsvollen Weg zu Ihrer eigenen Mitte, in Ihr Zentrum finden, entspannen und Sicherheit gewinnen (Übungen, S. 44 ff.).

- Die Einatempause macht das Gesagte lebendig, emotional, reizvoll.
- Sie schafft Modulation und Melodie.
- Die Einatempause muss kombiniert werden mit klarer Körperreaktion, sonst bleibt sie ineffektiv.
- Die Einatempause ist notwendig für Regeneration und Entspannung, Gelassenheit und Sicherheit.
- Sie ist das A und O einer guten Sprech- und Singtechnik.

Der innere Körperraum – eine große Empfangshalle

In diesem Kapitel möchte ich Ihnen den Zusammenhang zwischen Einatempause beim Sprechen und Singen und innerem Raum – dem Raum der Bauchkapsel – erklären. In den anschließenden Übungen zum Beckenboden werden Sie die Einatempause körperlich konkret erfahren, so dass Sie bei der nächsten sich bietenden Gelegenheit damit experimentieren können.

- Beim Einatmen weiten sich Unterbauch und Beckenboden.
  Die Knie geben nach.
- Die Kuppel des Zwerchfells flacht sich nach unten ab.
- Der Brustkorb weitet sich.
- Dadurch vergrößert die Lunge ihr Volumen – ein Vakuum entsteht.
  Sie atmen ein.

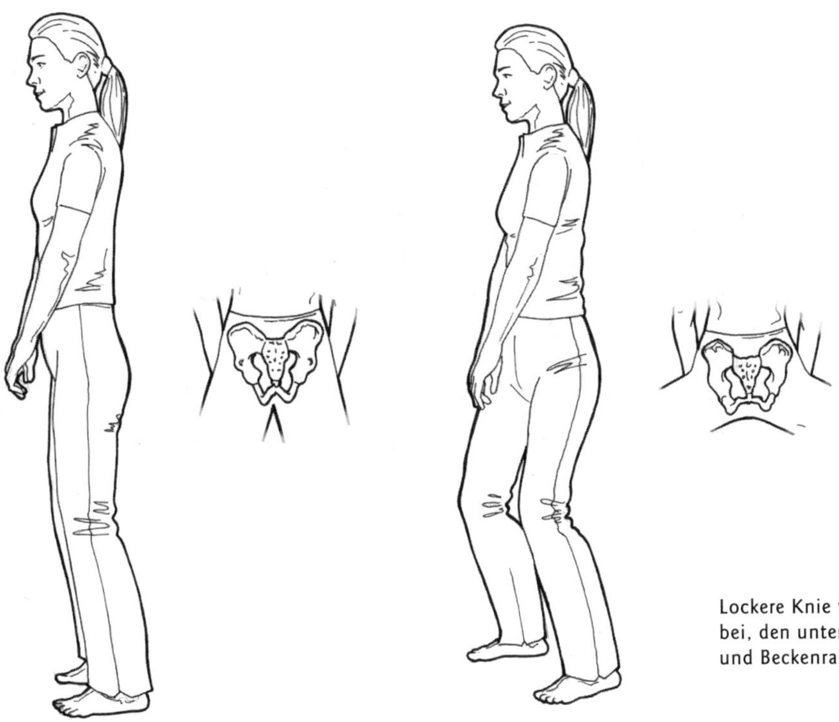

Lockere Knie tragen dazu bei, den unteren Bauch- und Beckenraum zu öffnen.

Für eine klangvolle Stimme brauchen wir die ungestörte Zwerchfellaktivität, so wie sie erfolgt, wenn wir bequem liegen, nicht zu viel am Abend gegessen haben und gut schlafen. »Heute Nacht habe ich tief geschlafen«, sagen wir dann und fühlen uns wohl. Das heißt, unsere Atmung konnte ungehindert fließen, die Zwerchfellbewegung war nicht behindert durch einen zu vollen Magen, durch eine schlechte Haltung oder durch die Emotionen in schlechten Träumen. Das Zwerchfell konnte sich seinen Raum für Ein- und Ausatem nehmen, sich tief hinunter- und wieder hinaufbewegen.

Im Alltag behindern wir unsere Atmung oft durch schlechte Sitzhaltung oder durch Stehen mit durchgedrückten Knien – das heißt durch eine Verengung des Beckenraumes.
Es kann auch sein, dass wir unseren Unterbauch nach innen ziehen, um schlanker zu wirken – der so genannte »beauty reflex«. Diesen Reflex der Eitelkeit lieben die Frauen, aber auch in Männerkreisen kursiert folgender Witz: »Sind Mädels da?« – Bauch wird eingezogen – »Nein, Gott sei Dank!« – der (Bier)Bauch entfaltet sich wieder. Manchmal schnürt unbequeme Kleidung, zum Beispiel die zu enge Jeans, den Bauch ein.
All die kleinen oder größeren Fehlhaltungen des Alltags – und wer sitzt nicht mit rundem Rücken und Schultern, die nach vorne hängen, vor dem PC? – können ebenso die freie Funktion der Bauchkapsel behindern.
Langes Sitzen, schlechte Haltung, zu wenig Bewegung lassen unseren Unterbauch, unseren Beckenboden in festgefahrener Muskelaktion verharren, lassen die Muskeln schwach werden.
Außerdem verengt sich unser unterer Körperraum bei Stress und bei Schmerzen sofort. Der Beckenboden spannt sich an, der Unterbauch zieht sich ein, die Atmung wird flach und wandert im Brustkorb nach oben.
Das passiert bei Wut und Angst, Trauer und Glück, Weinen und Lachen.
Bei allen Emotionen – mit Ausnahme der Erotik – zieht sich die Bauchkapsel zusammen, wird Ihr innerer Raum kleiner.

Sie ahnen jetzt, wie wichtig und fundamental die bewusste Öffnung des unteren Bauch- und Beckenraumes für unser Wohlbefinden ist. Und diese Öffnung schenkt Ihnen der Einatem beim Sprechen und Singen!

Im nächsten Kapitel werden Sie viel darüber erfahren, wie Sie die Öffnung Ihres inneren Raumes durch konkretes körperliches Tun unterstützen können.

Das Becken –
die Schale für den Klang

Den Boden unserer körperlichen Empfangshalle, die Basis des inneren Köperraumes bildet die Beckenbodenmuskulatur. Vielleicht gehören Sie zu den Menschen, die ihren Beckenboden bewusst trainieren, um ihn zu stärken. Dann sind Sie die Ausnahme! Die meisten kennen dieses Netzwerk von Muskeln wenig.
Noch weniger Menschen wissen, dass der Beckenboden das Fundament für eine klangvolle und belastungsfähige Stimme ist: Er muss sich dehnen und öffnen für den Einatem beim Sprechen. Beim Sprechen oder Singen – also für die Produktion von Stimme – muss er Spannkraft aufbauen, kontrahieren. Im Idealfall ist er ständig in Bewegung, wenn wir Stimme gebrauchen, und schenkt uns durch sein Wechselspiel von Anspannung und Loslassen zusätzlich die Produktion wichtiger Hormone, die für gute Stimmung und Energie sorgen.
Entdecken Sie mit den nächsten beiden Übungen Ihre Beckenbodenmuskulatur, Ihren inneren Raum, Ihre Mitte.

Übung

Die tanzenden Höcker

Nehmen Sie sich einen Stuhl oder einen Hocker mit einer geraden Sitzfläche. Falls die Sitzfläche ungepolstert ist, legen Sie sich eine Decke darauf. Stellen Sie den Hocker vor einen Tisch. So können Sie beim Weiterlesen die Übung gleich mitmachen und bei der nächsten Gelegenheit anwenden.

Setzen Sie sich aufrecht auf den Stuhl, ohne sich anzulehnen. Die Beine stehen in Beckenbreite. Am besten, Sie nehmen einen etwa 20 Zentimeter großen weichen Ball zwischen die Knie (sehr gut eignet sich dafür ein so genannter Overball – es gibt ihn preiswert im Sport- oder Sanitätsfachgeschäft).
Sie legen jetzt die rechte Hand unter Ihre rechte Pohälfte, die Handfläche zeigt nach oben. Sie greifen mit der Hand so weit unter Ihre Pohälfte, dass Ihr Sitzhöcker Ihre Finger ein bisschen quetscht. Bleiben Sie aufrecht sitzen.
Nun versuchen Sie, den Sitzhöcker ein wenig nach oben, von der Hand weg zu saugen, um ihn dann sehr langsam wieder in Ihre Hand sinken zu lassen. Langsamkeit beim Loslassen baut Muskelkraft auf. Lassen Sie den Oberkörper nicht seitlich wegkippen.
Nehmen Sie genau wahr, was sich alles anspannt, wenn Sie diesen Knochen nach oben saugen und entspannen Sie langsam und sorgfältig alles, was sich angespannt hat: Beckenbodenmuskulatur, Unterbauch, vielleicht sogar Oberschenkel. Machen Sie das ein paar Mal.

Mit der Hand unter dem Sitzhöcker können Sie die Welt der Beckenbodenmuskulatur auf vielfältige Weise erforschen.

Dann verbinden Sie die Anspannung mit einem Ausatem auf »schschsch«. Bei der anschließend in Zeitlupe durchgeführten Entspannung öffnen Sie den Mund und den Bauch- und Beckenraum: Der Einatem strömt passiv und völlig geräuschlos ein. Sie müssen nichts dazu tun außer loslassen, entspannen, den Raum für die Ausdehnung

der Lunge bereitstellen. Wiederholen Sie diese Aktion einige Male: Das »schschsch« können Sie durch andere Buchstaben, zum Beispiel »sssss, ffff, wwww« etc. ersetzen. Genießen Sie immer die Stille des Einatems und die Weite Ihres unteren Raumes.
Dann lassen Sie Ihren Sitzhöcker ein wenig auf der Hand schnell auf und ab hüpfen, lassen Sie ihn auf Ihrer Hand tanzen. Beenden Sie Ihren Sitzhöckertanz und öffnen Sie Ihren Unterleib, Ihre Mitte wieder. Lassen Sie Ihre Hand immer noch unter Ihrem Po.

Als Nächstes drücken Sie Ihre Ferse senkrecht nach unten in den Boden, Spannung entsteht, der Sitzhöcker hebt sich wiederum weg von der Hand, Ihr unterer Raum verengt sich. Mit dem erneut ganz langsamen Lösen der Spannung weitet sich Ihr Unterbauch, die Pomuskeln lassen los, der Beckenboden entspannt, der Oberschenkel, die Wade. Beim nächsten Spannungsaufbau atmen Sie gleichzeitig auf »ffffffff« oder »wwwww« aus. Beim langsamen Loslassen öffnen Sie Ihren Mund mindestens eine Fingerbreite, die Einatemluft strömt lautlos ein, Ihr Beckenraum öffnet sich.
Wiederholen Sie diesen Spannungsaufbau und machen Sie jetzt wie ein Schlossgespenst den Ausatem als Ton hörbar: »Huuuuu«. Tönen Sie, erlauben Sie sich Melodiebögen rauf und runter, denn das trainiert die Stimmlippenmuskulatur. Und – das Wichtigste – beim Entspannen den Einatem wirklich *lautlos* einströmen lassen, den Mund und den Unterbauch öffnen. Der passive lautlose Einatem durch den Mund und die gleichzeitige Öffnung Ihres unteren Raumes sind das A und O beim Sprechen und beim Singen.
Jetzt haben Sie genug geübt, ziehen Sie die Hand unterm Po heraus und nehmen Sie den Unterschied zwischen rechter und linker Beckenbodenhälfte wahr.
Dann machen Sie die gleiche Übung mit der anderen Seite.

Nur beim Sprechen und Singen erfolgt der Einatem durch den Mund. Wenn wir unsere Stimme nicht gebrauchen, strömen Ein- und Ausatem selbstverständlich durch die Nase. Die Nase reinigt, wärmt und befeuchtet die Atemluft. Sie ist ein notwendiger Filter, auf den wir beim Sprechen verzichten, um sehr schnell und lautlos fehlende Luft ergänzen zu können.

Das kraftvolle Dreieck

Sie kennen Ihre Sitzhöcker bereits sehr gut und können Sie beim aufrechten Sitzen deutlich spüren. Stellen Sie sich den Abstand zwischen diesen beiden Knochen vor und zeigen Sie ihn mit Ihren Händen.

Nun versuchen Sie mit einem kräftigen Ausatem auf »schschsch« oder »rrrrrr« die Sitzhöcker anzunähern, so, als wollten Sie einen Schwamm ausdrücken, der zwischen Ihren Sitzhöckern liegt. Lassen Sie Ihre Sitzhöcker zwei Magnete sein, die sich langsam anziehen. Ihre Hände zeigen vor Ihrer Brust den Weg Ihrer Sitzhöcker, Ihre Handflächen werden zueinander gezogen.

Sie halten einen Moment inne, um dann Millimeter für Millimeter den Schwamm wieder loszulassen, indem Ihre Sitzhöcker und Hände wieder in Zeitlupentempo auseinander gleiten. Ihr Mund, Ihr Unterleib, Ihre Mitte öffnen sich. Ihr Einatem strömt lautlos, reflektorisch durch Mund und Nase ein.

Nun wiederholen Sie den Spannungsaufbau einige Male, atmen dabei wieder wie das Schlossgespenst auf »huuuuu« aus, um anschließend wieder zu entspannen, zu öffnen, den Einatem einströmen zu lassen.

Ihr Körper arbeitet ganz ökonomisch, er ergänzt nur so viel Luft, wie Sie ausgeatmet haben. Oder anders ausgedrückt: Der Schwamm nimmt nur so viel frisches Wasser auf, wie Sie verbrauchtes ausgewrungen haben.

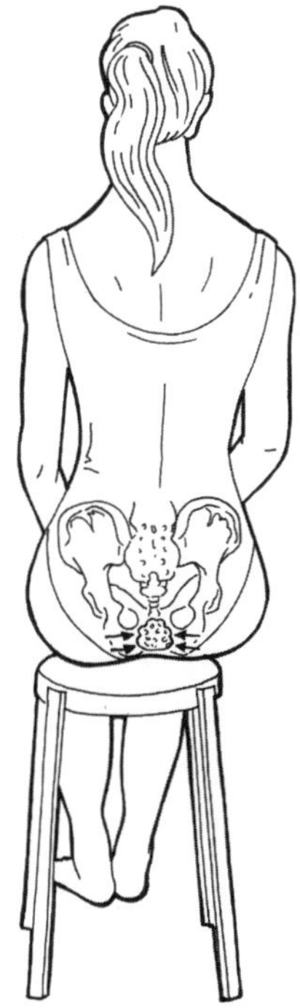

Beim Ausatmen ziehen sich die Sitzhöcker wie zwei Magnete an, so, als wollten sie einen imaginären Schwamm ausdrücken.

Wenn Sie die Übung jetzt noch einmal wiederholen, legen Sie eine Hand vorne auf das Schambein und die andere Hand hinten auf das Kreuzbein. Beim langsamen Ausdrücken des Schwammes, also beim Zusammenziehen der Sitzhöcker, sprechen Sie: »Ich ziehe meine Sitzhöcker zusammen« (Sprechen = Ausatmen). Für den Einatem öffnen Sie den Mund, lassen Sie die Sitzhöcker langsam auseinander gleiten, Unterleib und Beckenboden öffnen sich, das Zwerchfell kann nach unten sinken, in der Lunge entsteht ein Vakuum: Durch den geöffneten Mund strömt der Einatem wieder lautlos und passiv ein.

Haben Sie die Verengung des Raumes zwischen Ihren Händen beim Sprechen bemerkt? Und können Sie spüren, wie der Raum sich weitet und groß wird beim Einatmen? Sie sind gerade auf dem besten Weg, Ihr Kraftzentrum Beckenboden zu entdecken.
Zur Bestätigung wiederholen Sie die Übung: Platzieren Sie Ihre Hände – eine Hand auf den Unterbauch, die andere hinten auf das Kreuzbein – und jetzt sprechen Sie beim Ausdrücken Ihres Schwammes: »Mein Beckenraum wird kleiner.« Dann öffnen Sie Ihr Zentrum wieder beim Einatmen.

Wenn Sie jetzt weiter ausprobieren möchten, legen Sie Ihre Hände seitlich auf Ihre Rollhügel, auf den Übergang vom Oberschenkel zum Becken. Jetzt drücken Sie die Fersen senkrecht in den Boden, die Sitzhöcker gehen ein wenig nach oben und Sie ziehen Ihre Sitzhöcker zusammen.
Während Sie langsam diese Spannung aufbauen, sprechen Sie gleichzeitig: »Ich werde schmal und schmaler« – dann lassen Sie die Sitzhöcker sich wieder langsam voneinander entfernen, die Beine entspannen. Ihr Raum wird weit und weiter, der Einatem strömt lautlos durch den leicht geöffneten Mund ein.
Probieren Sie auf diese Art ein paar Sätze aus – Sätze, die Sie schon lange Ihrer Chefin, Ihrem Geschäftspartner, Ihrer Kollegin oder Ihrem Lebensgefährten sagen möchten: »Ich möchte dieses Jahr im Süden Urlaub machen«, »Lassen sie uns mal über die finanziellen Probleme miteinander reden«, »Könnten Sie bitte etwas lauter sprechen«, »Ich möchte heute Abend völlig ungestört mit dir sein«, usw.

Wenn Sie gerne singen oder Sängerin sind, dann singen Sie bei einem Spannungsaufbau die Zeile eines Liedes, lassen den Einatem beim Entspannen völlig geräuschlos einströmen, um dann die nächste Phrase mit einem Spannungsaufbau – Sie lassen die Sitzhöcker sich gegenseitig wie zwei Magnete anziehen – zu singen.

Die höchste Spannung, die größte Annäherung der Sitzknochen findet immer am Satzende bzw. am Ende einer sinnerfassenden Einheit oder am Ende der Phrase eines Liedes statt: Ist der körperliche Spannungsaufbau zu Ende, muss auch die Satzeinheit enden und das Loslassen für den Einatem folgen. Sprechen und Singen ist immer Spannungs*aufbau,* niemals das Festhalten in einer Spannung!
Mit dieser Spannkraft beim Sprechen werden Sie ganz anders auftreten und eine völlig neue Wirkung erzielen – aber nur dann, wenn Sie aus der Weite Ihres inneren Raumes sprechen und beim nächsten Einatem dorthin zurückkehren. Dann ruhen Sie in sich selbst, in Ihrem Zentrum. Von da aus schicken Sie den Satz, Ihre Botschaft mit der richtigen (körperlichen) Überzeugungskraft nach draußen. Sie kehren dann zurück in Ihre innere Empfangshalle und Ihre Offenheit überträgt sich auf Ihren Chef, Ihren Kollegen, Ihren Lebenspartner, Ihre Kollegin, Ihre Freundin. Diese fühlen sich nicht bedrängt und deshalb frei. Laden Sie ihr Gegenüber ein zu entspannen, indem Sie in der Einatempause Ihren Raum öffnen.
Beim Singen gelten übrigens genau die gleichen Parameter: Erst recht muss der Sänger das Loslassen im Einatem erleben, um anschließend Kraft für die Gesangsphrase aufzubringen. Und die Schauspielerin braucht die Pause, um neue Gefühlsqualität zu finden.

Entdecken Sie die hohe Qualität der Weite Ihres inneren Raumes im Gespräch mit Ihrem Lebenspartner oder einer Freundin: Versuchen Sie, Ihren Becken- und Bauchraum offen zu halten, während Ihr Gegenüber spricht, erleben Sie die Impulse, wenn sich der Raum schließen möchte und kehren Sie immer wieder in Ihre eigene Mitte zurück.

Der singende Ball

Für diese Übung brauchen Sie einen weichen Ball, am besten wieder einen Overball (S. 45). Falls Sie keinen zur Hand haben, probieren Sie die Übung mit einem Kissen. Sie sitzen wieder aufrecht auf einem Stuhl, nehmen jetzt beim Weiterlesen den Ball gleich zwischen die Knie und legen ihre Hände auf Ihren Unterbauch, also zwischen Nabel und Schambein.

Nun drücken Sie mit Ihren Knien langsam und stetig den Ball fest zusammen, halten eine Weile diese Spannung, öffnen langsam und achtsam die Knie und geben den Ball wieder frei, ohne ihn fallen zu lassen. Machen Sie das noch einmal und beobachten Sie dabei Ihren Unterbauch: Wenn Sie den Ball drücken, geht Ihr Bauch dann Richtung Wirbelsäule, werden Sie also dünner, oder drückt Ihr Bauch gegen Ihre Hände, werden Sie dicker?

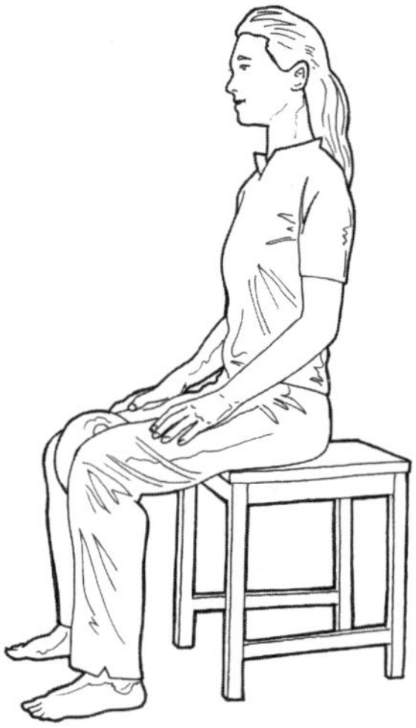

Die Knie drücken einen Ball langsam und stetig zusammen, so bauen Sie im Unterbauch Kraft für Ihre Stimme auf.

Wiederholen Sie die Übung. Richtig ist: Beim Zusammendrücken des Balls wird nicht nur der Ball, sondern auch Ihr Bauch dünner und beim Loslassen runden sich Ball und Bauch gleichermaßen. Jetzt überlegen Sie weiter: Wann atmen Sie bei dieser Übung aus und wann lassen Sie die Luft einströmen? Wann kommt Luft aus dem Ball und wann kann wieder welche nachströmen? Probieren Sie es am besten aus.

Jetzt wissen Sie die Antwort aber sicher und können die Übung mit Ihrem Ausatem, Ihrer Stimme verbinden:
Beim Zusammendrücken des Balles lassen Sie eine kleine Melodie durch den Raum fliegen, beim langsamen Loslassen öffnen Sie Mund und Bauch und Ihr intelligenter Körper ergänzt die Luft ganz von selbst. Je nach Lust und Laune setzen Sie diese Übung fort mit kleinen Melodiebögen (»Stimmjogging«) oder gesungenen oder gesprochenen kleinen Sätzen, wie »Ich hätte gerne einen Cappuccino«.
Und immer – tatsächlich immer, nicht nur in der Übung! – zieht sich der Unterbauch beim Sprechen leicht nach innen und rundet sich wieder von selbst durch die Entspannung beim Einatem. Ein wundervolles und feines Bauchmuskeltraining, welches Ihnen das Sprechen oder Singen schenkt!

- Ausatmen = Sprechen oder Singen = Spannungsaufbau
- Einatmen = Pause nach einer Texteinheit = lautlos = Entspannung
- Ausatmen = aktive Verengung des unteren Raumes
- Einatmen = passive Weitung des unteren Raumes
- der Wechsel von Spannungsaufbau und Entspannung beim Sprechen oder Singen ist das Fundament einer gesunden und tragfähigen Stimme.

Becken- und Bauchraum – der Ursprung unserer Kraft

Meine stimmliche Entdeckungsreise hat mich erst nach vielen Jahren und endgültig nach einer Operation eines Gebärmutter-Myoms zu den Schätzen des Becken- und unteren Bauchraumes geführt. Spätestens seit dem Buch »Tigerfeeling« von Benita Cantieni ist allerorten ein Beckenboden-Boom ausgebrochen, der in vielen Büchern zum Beckenbodentraining bereits seinen Niederschlag gefunden hat (Empfehlungen finden Sie im Anhang). In besonderer Weise habe ich meinen Beckenboden auch in Divo

Müllers Kursen »Wild und Weiblich« erforschen dürfen, wofür ich sehr dankbar bin. Über das Beckenbodentraining fand ich einen neuen Schlüssel für eine entspannte und kraftvolle, körperverbundene und erotische Stimme.
Wie Sie in den Übungen erlebt haben, öffnet uns der Einatem unseren inneren Raum, unser Vitalitätszentrum, unsere Mitte. Doch dieser Raum erschließt sich uns erst, wenn wir die Anspannung der Muskulatur von Beckenboden und Unterbauch bewusst erleben, um sie dann wieder lösen zu können.

ÜBUNG

Die besondere Karaffe

Kombinieren Sie die bisherigen Übungen: Sie sitzen aufrecht, der Ball zwischen den Knien. Nun schieben Sie die Fersen senkrecht in den Boden, quetschen Sie sanft den Ball mit den Knien zusammen und lassen Sie Ihre Sitzhöcker einen imaginären Schwamm ausdrücken. Nehmen Sie in dieser Spannung Form und Größe Ihres unteren Raumes wahr. Und nun lösen Sie ganz langsam die Spannung wieder und registrieren, wie sich Ihr unterer Raum in seiner Größe und Form verändert.
Wiederholen Sie das Ganze, indem Sie beim Spannungsaufbau auf »schschsch« oder »huuuuu« ausatmen und beim Lösen der Spannung den Mund öffnen und den Einatem lautlos einströmen lassen. Finden Sie ein Bild für Ihren inneren Raum, Ihr inneres Gefäß. Schließen Sie die Augen, wiederholen Sie die Übung und schauen Sie nach innen. Welches Gefäß sehen Sie? Wie ändert es seine Form? Aus welchem Material ist es? Mit was ist es gefüllt? Wenn Sie Lust haben, malen Sie es auf.

Nahezu jeder Klient hat ein anderes Bild: Für den einen ist es eine Colaflasche aus Plastik, für den anderen eine Kugel, für den dritten ein wassergefülltes Tongefäß, für den nächsten eine Blüte. Für mich selbst entsteht beim

Spannungsaufbau die Form einer griechischen Weinkaraffe, die sich dann beim Lösen in eine bauchige Karaffe verwandelt, die der Einatem mit köstlichem Rotwein füllt. Beim Ausatmen oder Tönen fließt der Wein heraus, die Karaffe nimmt die griechische Form an, beim Einatmen wird die Karaffe bauchig und füllt sich von selbst wieder. Paradiesische Zustände, oder? Dass ich die Form einer Weinkaraffe wähle liegt nahe, denn ich komme aus einer Weingegend ...

Viel verwendet wird auch das Bild einer Lotusblüte, die sich beim Ausatmen schließt und beim Einatmen öffnet. Wichtig ist, dass sich beim Einatmen jedes kleinste Blättchen öffnen darf, die Schönheit der Blüte sich entfaltet.

Wenn Sie jetzt ein Bild gefunden haben, so haben Sie gleichzeitig eine wunderschöne Metapher für sich selbst. Und immer kehren Sie beim Einatem in Ihr wunderschönes Gefäß, in Ihre einmalige Blume zurück. Sie haben Ihr Vitalitätszentrum, die Quelle Ihrer Kraft, Ihrer Ruhe und Ihrer Gelassenheit soeben entdeckt. Ich gratuliere Ihnen!

- Der Einatem geschieht durch Loslassen.
- Er ist lautlos und reflektorisch.
- Er öffnet uns unseren inneren Raum.
- Er schenkt uns Ruhe und Gelassenheit.
- Er führt uns zur Quelle unserer Kraft.

Beispiel

In dem Workshop »Das Becken – die Schale für den Klang« wählte ich vor kurzem genau die Übungssequenz, die ich Ihnen auf den letzten Seiten vorstellte. Nach zweistündigem intensivem Üben bat ich die TeilnehmerInnen, ihre Befindlichkeit mit einem Wort auszudrücken. Folgendes wurde gesagt: »Zentriert – unendliche Ruhe – Entspannung – Offenheit – angekommen – innere Heimat – Heiterkeit – Erstaunen – Gelassenheit – einfach«. »Ruhe« und »Entspannung« wurden mehrere Male genannt.

Es berührt mich immer wieder aufs Neue, wie leicht Seminarteilnehmer den Weg in ihre Mitte und damit zu ihrer körperverbundenen Stimme finden. Sie müssen nur den richtigen körperlichen Spannungsaufbau für die Stimme, das Sprechen verstehen und exakt ausführen und den körperlichen Anker für den Einatem entdecken und konsequent einsetzen.
Als Körperanker definiere ich exakte muskuläre Aktionen während des Sprechens und Singens. Ein wichtiger Körperanker ist zum Beispiel das Öffnen des unteren Bauch- und Beckenraumes für den Einatem beim Sprechen.
Ich sehe es als großen Erfolg, wenn meine Klienten »stimmige Körperanker« für sich entwickeln, diese in ihren Stimmalltag integrieren und den Effekt spüren und bewerten können. Ich hoffe, dass auch Sie in diesem Buch einen Körperanker für sich entdecken, an den Sie sich beim Sprechen ab und zu erinnern und den sie dann zuverlässig benutzen können.

Die Beckenbodenmuskulatur – ein elastisches Netzwerk

Sie haben bereits entdeckt, wie wichtig Ihre Beckenbodenmuskulatur für Ihre Stimme ist. Deshalb möchte ich Sie jetzt mit der komplexen Welt dieses Muskelnetzes vertraut machen.
Der Beckenboden hat in unserem Körper eine hohe Bedeutung, die lange Jahre zu wenig beachtet wurde:

- Er ist das Tor zum Leben bei der Geburt.
- Er muss stark sein, um unsere inneren Organe zu tragen.
- Er ist elastisch und kräftig zugleich.
- Er fängt bei der Einatmung die Druckwelle des Zwerchfells auf.
- Er unterstützt die Zwerchfellbewegungen beim Ausatmen, beim Sprechen und Singen durch Aktivität.
- Er spielt eine entscheidende Rolle für Aufrichtung, Bewegung und Gleichgewicht.
- Er sorgt durch seine Aktivität für eine gute Körperhaltung.
- Er erhöht durch seine elastische Kraft unsere sexuelle Lust und Vitalität.
- Er spiegelt durch seine Anspannung oder Ausdehnung unser Befinden wider.

Der Hauptunterschied zwischen dem männlichen und weiblichen Becken liegt zum einen an der Zahl der Öffnungen: Der Mann hat zwei, Harnröhre und After, bei der Frau kommt noch eine dritte Öffnung, die Vagina, hinzu. Der männliche Beckenboden hat in der Regel mehr Kraft: Das Becken ist schmaler, die Muskeln sind kürzer und kräftiger, da sie nicht die Elastizität für eine Geburt brauchen. Deshalb kann der Mann mehr Kraft der Beckenbodenmuskulatur aufbauen und damit besser heben und tragen als die Frau. Gleichzeitig fällt es ihm schwerer, zu entspannen und sich zu öffnen – die Beckenbodenmuskulatur ist häufig zu angespannt.
Die weibliche Beckenbodenmuskulatur ist im Gegensatz dazu oft sehr kraftlos und vor allem nach Geburten gedehnt und schlaff. Mädchen

haben mehr Mühe, eine Stange oder ein Tau hinaufzuklettern: Für den nächsten Zug nach oben braucht man die Aktivität der Beckenbodenmuskeln.

Deshalb plädierte die dänische Gymnastik-Pädagogin Helle Gotved schon in den siebziger Jahren dafür, im Turnunterricht in der Schule die Beckenbodenmuskulatur vor allem bei Mädchen in Bezug auf Kraftaufbau zu trainieren. Ihrer Meinung nach könnte damit verhindert werden, dass jede zehnte Frau unter Blasenschwäche und Harninkontinenz leidet – unter den 40- bis 50-Jährigen ist sogar jede dritte Frau betroffen.

Für eine gesunde Stimme und für eine gute Stimmung brauchen wir – Mann wie Frau – den lebendigen Wechsel zwischen Anspannen und Loslassen. Das genau können wir beim Sprechen tagtäglich, unendlich oft trainieren: mehr Beweglichkeit für den Mann, Kraftaufbau für die Frau, mehr Lustgewinn für beide. Ist das nicht verlockend?

Sie erhöhen den Trainingseffekt, wenn Sie sich trauen, bei den Übungen und im Alltag zu tönen und zu singen.

> Wer gehen kann, kann tanzen!
> Wer sprechen kann, kann singen!
>
> ALTES AFRIKANISCHES SPRICHWORT

Bei den Übungen »Die tanzenden Höcker« (S. 44) und »Das kraftvolle Dreieck« (S. 47) haben Sie vor allem die mittlere Schicht Ihres Beckenbodens trainiert. So haben Sie beim Lesen bereits geübt, ohne vom Tisch aufstehen zu müssen, ohne Geld im Fitnessstudio auszugeben. Und Sie können das tagtäglich weiter üben, zum Beispiel beim Telefonieren:

»Firma Lustig. // Sie sprechen mit Frau Kraft. // Was kann ich für Sie tun?« *(Beckenboden beim Sprechen anspannen und bei // gleich wieder für den Einatem lösen, beim Zuhören offen bleiben).*

Oder bei der Teamsitzung:

»Ich freue mich, dass Sie trotz des heißen Wetters alle gekommen sind. // Ich werde mich bemühen und das Wesentliche kurz zusammenfassen.«

Ihr Beckenboden ist nicht flach, sondern er hat die Form eines Trichters. Er zieht längs vom Schambein zum Steißbein und quer von Sitzhöcker zu Sitzhöcker. Er bildet räumlich gesehen durch seine Trichterform einen Gegenpol zur Kuppel des Zwerchfells.

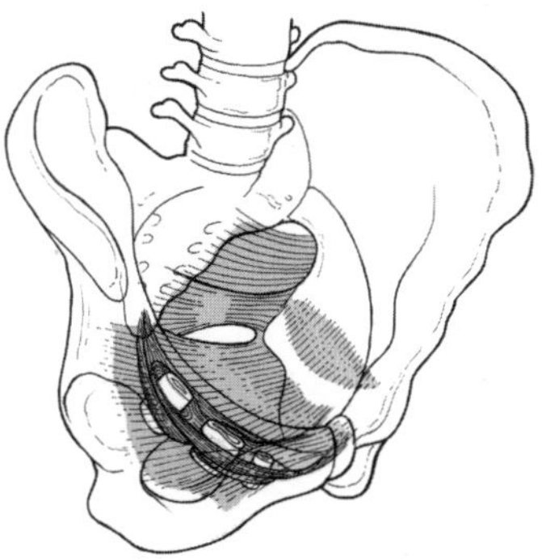

Der Beckenbodentrichter besteht aus drei Muskelschichten. Die richtige Aktion dieser Muskulatur macht die Stimme belastungsfähig und klangvoll.

Der »Beckentrichter« besteht aus drei Muskelschichten, die zusammen handtellerdick sind und übereinander liegen:
Die innerste und kräftigste Schicht setzt hinten am Steißbein an und zieht innerhalb des kleinen Beckens fächerartig nach vorne zum Schambein und zur Seite. Diese Muskelschicht muss einerseits kräftig sein, da sie die Hauptstützfunktion für den Beckenboden hat. Andererseits muss sie sehr flexibel sein, um die Hüfte beweglich zu lassen. Sie muss sich dehnen bei der Einatmung und anspannen bei der Ausatmung.
Die mittlere Schicht verläuft wie ein Dreieck quer zwischen den Sitzhöckern und dem Schambein. Sie hat ebenfalls Stützkraft. Neben den quergestreiften Muskeln befindet sich in dieser Schicht auch glatte Muskulatur, die im Gegensatz zur anderen Muskulatur bei Stress erschlafft. Auch hier sind wieder Kraft und Elastizität für die gute Funktion notwendig.
Die äußere Schicht verläuft wieder von vorne, vom Schambein nach hinten, zum Steißbein. Zu ihr gehören die Genital- und Schließmuskeln. Diese Schicht hat keine Stützkraft, sie ist vielmehr für feine Bewegungen geschaffen. Ihre Funktion wird mit der Sexualität beziehungsweise der Kontinenz

in Verbindung gebracht. Für die sanfte Stimme hat sie herausragende Bedeutung, was Sie noch erleben werden (Übung, S. 132 f.).

Insgesamt ist der Beckenboden ein kompliziert aufgebautes und solides Muskelnetzwerk, welches sehr differenziert und gleichzeitig doch immer zusammen agiert, wo sich Anspannung und Loslassen abwechseln. Alle Aktivität, die wir im Beckenboden finden, spiegelt sich in der Muskulatur des Zwerchfells und der Stimmlippen, des Mundbodens und Gaumens, ja sogar in der Schädeldecke und im Fußgewölbe wider. Wundert es Sie jetzt noch, dass ich mit Übungen zum Beckenboden beginne?

- Wenn Sie sprechen oder singen, unterstützt die Beckenbodenmuskulatur die Ausatembewegung des Zwerchfells durch kontinuierlichen Spannungsaufbau.
- Wenn Sie während des Sprechens und Singens eine Einatempause brauchen, entspannen Beckenboden und Unterbauch.
- Eine gute Sprechtechnik ist gleichzeitig ein optimales Beckenbodentraining für Mann und Frau.

Der sitzende Buddha

Sie haben bereits erfahren, wie Ihr innerer Raum sich öffnet und weitet durch den Einatem, den Sie beim Sprechen und Singen reflektorisch, von selbst in Ihr Körpergefäß einströmen lassen. Sie öffnen Ihren Mund, Ihre Stimmlippen, Ihren Becken- und Bauchraum, das Zwerchfell geht nach unten, die Lunge saugt die Atemluft an. Sie müssen nichts tun, »nur« loslassen, wahrnehmen und genießen. Offen und rund sein wie die sitzenden Buddhas mit einem feinen Lächeln auf dem Gesicht. Sie sind verbunden mit Ihren inneren Schätzen und Ihrer inneren Ruhe.

Der Einatem beim Sprechen führt Sie in Ihren inneren Raum, in Ihre Buddha-Qualität: Gelassen und sicher ruhen Sie in sich selbst.

Wenn Sie dieses körperliche Loslassen beim Sprechen immer öfter in Ihren Alltag integrieren, haben Sie wunderbare Momente der Regeneration für Ihre Stimme und für sich selbst. Ihre Stimme gesundet, sie wird belastungsfähig. Gelassenheit und Wohlgefühl können sich ausbreiten.
Vielleicht kommen Ihnen gerade Zweifel, ob Sie beim Sprechen so viel Zeit haben für den Einatem. Es wurde nachgewiesen, dass 0,2 Sekunden genügen, um den Atem in der Sprechpause reflektorisch zu ergänzen. Damit dies auch bei Ihnen so schnell klappt, müssen Sie sich in den Übungen Zeit nehmen, um Ihre Buddha-Qualität zu entdecken und zu pflegen. Damit schaffen Sie die wichtigste Voraussetzung für eine wohlklingende Stimme.

Der Ausatem – Erzeuger des Klangs

Erinnern Sie sich noch an das Erklärungsmodell für die Stimmfunktion, an das Bild vom Topf mit dem klappernden Deckel (S. 24)?
Unser Rumpf ist der Topf. Der Beckenboden ist der Topfboden. Bauch, Po und Flanken und Brustkorb sind die Wände. Unsere Stimmlippen sind der Deckel. Unser Ausatem ist der Dampf.
Der Topf steht auf dem Herd, das Wasser kocht, der Dampf bringt den Deckeln zum Klappern: Der Dampf verdichtet sich beim Kochen unter dem Deckel, hebt deshalb den Deckel hoch, Dampf entweicht, der Dampf in dem Topf nimmt ab, der Deckel fällt deshalb zu, der Dampf verdichtet sich wieder und so weiter. Eine solche Abfolge von sich verdichtender und sich verdünnender Luft nennt man eine Schallwelle – also einen Klang.

Das gleiche Phänomen erlebten Sie als Kind. Sie legten die Hände zusammen, Daumen aneinander, dazwischen zwei straff gespannte Grashalme. Diese brachten Sie dann durch kräftiges Blasen in die Öffnung zum Schwingen und Zirpen. Die Grashalme legten sich aneinander, entfernten sich wieder, kamen wieder zusammen und so ging es weiter, bis Sie wieder einatmen mussten, um dann den neuen Grashalmgesang zu erwecken.
Oder Sie haben einen Luftballon aufgeblasen und beim Entweichen der Luft das Öffnungsstück durch Langziehen verengt, dann wieder ein bisschen losgelassen, wieder langgezogen. Mit dem Ballongequietsche konnte man so manchen ärgern, indem man sich von hinten anschlich und den Luftballon nah ans Ohr brachte. War dann alle Luft aus dem Ballon entwichen, mussten Sie ihn erst wieder aufpusten, um sich dann an den nächsten heranzupirschen.
In beiden Fällen wird ein Klang erzeugt, der durch das rasche Öffnen und Schließen des Grashalms bzw. der Gummihaut hervorgerufen wird.

Nicht anders ist es bei Ihrer Stimme: Ihr Kehlkopf oder – wie der Volksmund sagt – Ihr Adamsapfel ist für die Stimmerzeugung das grundlegende Organ. Er liegt wie ein Ventil am oberen Ende Ihrer Luftröhre und besteht aus durch Membranen verbundenen Knorpeln, aus Nervensträngen und aus fast 60 Muskeln. Sein Durchmesser beträgt ungefähr zwei Zentimeter. Wenn Sie Ihren Finger auf Ihren Adamsapfel legen und schlucken, dann spüren Sie seine Auf- und Abwärtsbewegung.

Und wenn Sie nun Ihren Finger genau auf die Spitze des Adamsapfels legen – da haben es die Männer leichter, weil Ihr Kehlkopf größer ist –, haben Sie den Ansatzpunkt Ihrer Stimmlippen. Sie liegen horizontal im Kehlkopf und verlaufen von vorne nach hinten.

Bei ruhiger Atmung sind Ihre Stimmlippen zu einem Dreieck geöffnet. Beim Ausatmen nähern sie sich einander an, um eine zu schnelle Entleerung der Lunge zu verhindern, beim Einatmen öffnen sie sich wieder. Die Luft strömt bei ruhiger Atmung mit drei bis fünf Metern pro Sekunde durch die Stimmlippen. Bei Hustenstößen kann der Luftstrom eine Geschwindigkeit von über vierhundert Kilometern in der Stunde erreichen!

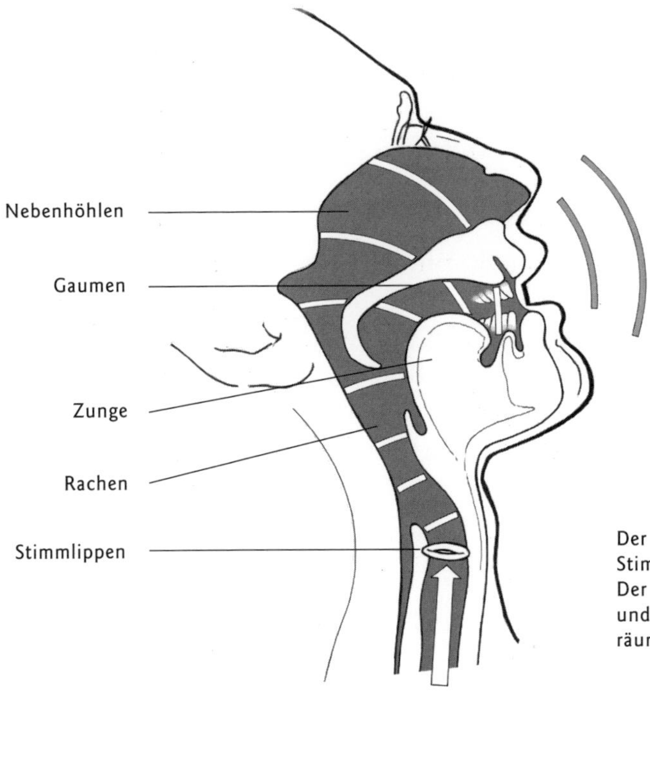

Der Ausatem versetzt Ihre Stimmlippen in Schwingung. Der Stimmklang entsteht und wird in Ihren Resonanzräumen *(grau unterlegt)* verstärkt.

Wenn Sie sprechen möchten, schließen sich Ihre Stimmlippen: Der Deckel auf dem Topf ist zu. Jetzt kommt die Ausatemluft, die Stimmlippen beginnen zu schwingen, sich zu öffnen und zu schließen, Ihr Stimmklang entsteht. Dieser Klang wird von Ihren Resonanzräumen, von Ihrem Mund- und Rachenraum und Ihrem Brustraum verstärkt. Lippen, Zunge und Kiefer formen den Klang zu Lauten. Die Höhe des Tons hängt davon ab, wie oft der Schwingungsvorgang, also das Öffnen und Schließen der Stimmlippen, pro Sekunde erfolgt.
Stellen Sie sich folgende unglaubliche Leistung Ihres Kehlkopfes vor: Wenn Sie als Frau dreißig Minuten durchgehend sprechen, dann berühren sich Ihre Stimmlippen ungefähr vierhunderttausend Mal! Und wenn Sie eine Sängerin sind und drei Minuten eine Sopranarie singen, haben sich Ihre Stimmlippen durch das Schließen und Öffnen einhundertfünfzigtausend Mal berührt. Männer sprechen und singen eine Oktave tiefer als Frauen. Dadurch halbiert sich die Anzahl der Stimmlippenschwingungen. Die höhere Schwingungszahl der Stimmlippen ist der Grund, warum mehr Frauen als Männer Schwierigkeiten mit der Stimme haben.
Viele Stimmprobleme entstehen durch Fehler im Ablauf des Schwingungszyklus. Durch die hohe Schwingungszahl potenzieren sich die Fehler natürlich schnell. So entsteht zum Beispiel Heiserkeit.
Unser spezifisches Schwingungsmuster, unser individueller Stimmklang ist unser »akustischer Fingerabdruck« und wird so auch in der Kriminologie behandelt.

Der Ausatem hat die Funktion, die Stimmlippen zum Schwingen zu bringen und muss dabei einen optimalen Anblasdruck finden. Dabei helfen uns verschiedene Spannkräfte unseres Körpers. Entweicht der Atem zu schnell, geht uns im wahrsten Sinn des Wortes die Luft aus. Die Stimme klingt dann hauchig oder sehr angestrengt. Deshalb müssen wir beim Ausatmen ein inspiratorisches Gegengewicht herstellen: Wir halten sozusagen den Luftballon (also unsere Atemräume) weit, damit die Luft langsamer entweicht (Übungen ab S. 107).

- Die Qualität des Ausatems bestimmt die Qualität des Tons.
- Der Anblasdruck versetzt die Stimmlippen in Schwingung. Dadurch entsteht der Klang.
- Der Klang wird im Brustkorb und in den Lufträumen oberhalb der Kehle verstärkt.
- Lippen, Zunge und Kiefer machen aus dem Klang einen spezifischen Laut.
- Die Tonhöhe ist abhängig von der Anzahl der Schwingungen pro Sekunde.
- Je ungestörter die Schwingungsfähigkeit der Stimmlippen ist, desto gesünder ist eine Stimme.

Freiheit für die Kehle

Die Kehle arbeitet Tag und Nacht immerzu. Der Kehldeckel verschließt die Luftröhre beim Schlucken und sie bewegt sich nach oben, so dass das Essen oder der Speichel in die Speiseröhre, die hinter der Luftröhre liegt, rutschen kann. Wir schlucken einmal pro Minute und wenn wir ein Bonbon lutschen, schlucken wir alle zwanzig Sekunden, etwa zweitausendvierhundert Mal pro Tag!
Beim Atmen gibt es kleine, beim Sprechen unzählig viele, äußerst schnelle Bewegungen der Kehlkopfmuskulatur. Diese Bewegungen brauchen bedingungslose Freiheit. Wie Sie über den Ausatem die Stimmlippen optimal in Schwingung versetzen können, erfahren Sie bei den Übungen zum Ausatem.Wie Sie die Freiheit der Kehle unmittelbar unterstützen können, erfahren Sie sofort. Das Zauberwort dafür heißt: Bewegung!

Auszeit

Gestatten Sie sich eine kleine Pause. Legen Sie das Buch vor sich auf einen Stuhl oder Tisch und kreisen Sie mit den Schultern von vorne nach hinten, so dass Sie gleichzeitig die Lungenspitzen dehnen.

Stehen Sie auf, legen Sie Ihre Hände auf die Schultern und schicken Sie dann mit den Ellenbogen energische kleine Schubser in alle Himmelsrichtungen. Bei jedem Schubser atmen Sie kräftig aus.

Lassen Sie die Arme sinken und schütteln Sie eine Hand kräftig, so als wollten Sie Wassertropfen abschütteln. Schütteln Sie in alle Richtungen, oben, unten, nach hinten, nach vorne. Stellen Sie sich vor, Sie möchten etwas loswerden, was an Ihren Fingern klebt oder was Sie im übertragenen Sinne gerne rausschütteln würden (die Müdigkeit, den Ärger, die zu viel gegessene Schokolade).

Halten Sie inne, spüren Sie, wie es der bewegten Seite geht. Jetzt schütteln Sie mit viel Energie die andere Hand aus, schließlich beide Hände und Arme. Erlauben Sie, dass das Schütteln Ihren ganzen Körper erfasst. Schütteln Sie alles ab, was Sie belastet. Weg damit!

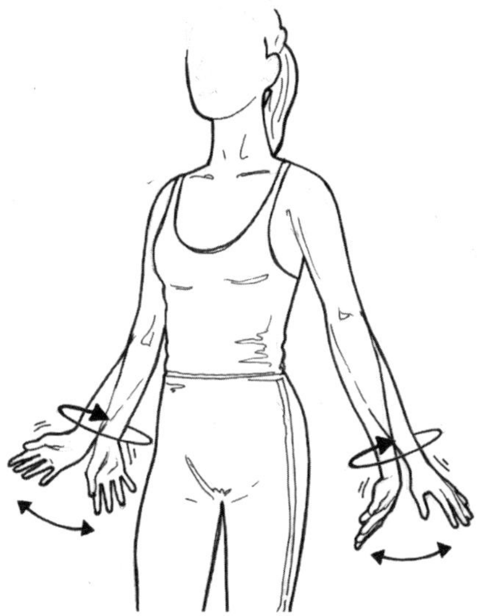

Ihre Kehle liebt Freiheit:
Schütteln Sie allen Ballast wie
Wassertropfen weg von Ihren Händen.

Wahrscheinlich geht es Ihnen jetzt schon viel besser. Wenn Sie sich noch wohler fühlen möchten und einen CD-Player in der Nähe haben, dann legen Sie eine CD mit rhythmischer Musik auf. Sie federn zur Musik ganz leicht in den Knien, so dass – von den Knien ausgehend – alle Gelenke sanft durchgeschüttelt werden, die Kehle inklusive.

Machen Sie dies für die Dauer eines Stückes, das sind in der Regel drei bis fünf Minuten, und genießen Sie anschließend die belebende Wirkung, indem Sie kurz die Augen schließen und ruhig stehen, wahrnehmen und spüren.

Wenn Sie jetzt noch mehr für sich tun möchten, kommen Sie noch einmal in das Federn der Knie und lassen dabei Ihre Stimme auf »haaaa« tönen. Erlauben Sie Ihrer Kehle, Ihrer Stimme mitzufedern und zu hüpfen, geben Sie Ihre Kontrolle über den Ton auf: Er darf wackeln. Federn Sie mal schneller, mal langsamer, tönen Sie höher und tiefer. Bewegung in allen Ebenen. Jetzt haben Sie nicht nur sich, sondern auch die Kehle wachgerüttelt. Guten Morgen Stimme!

Zum Abschluss lassen Sie die Arme hängen und ziehen Sie die Schultern nach unten und zurück. Drehen Sie Ihren Kopf langsam nach links, halten ihn dort eine Weile, drehen ihn in die Mitte zurück und dann nach rechts. Kehren Sie zur Mitte zurück.

Kurz die Schultern lockern, dann wieder Schultern nach unten und zurückziehen und das linke Ohr auf die linke Schulter legen. Dabei den rechten Arm gut nach unten ziehen. Zur Mitte zurückkehren und das Ganze zur Gegenseite wiederholen.

So dehnen Sie Ihre Halsseiten, in denen sehr wichtige Energiebahnen, so genannte Meridiane verlaufen. Diese haben Sie gleich mit aufgeweckt!

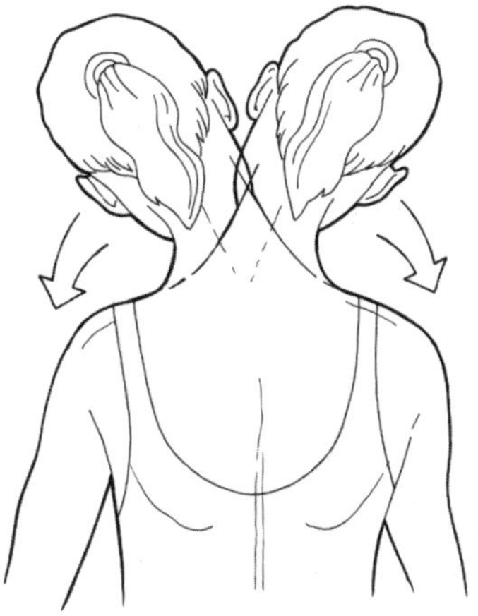

Dehnung für den Hals löst Spannungen und aktiviert Ihre Kehlkopfmuskulatur.

Übung

Um Ihre Energie noch mehr ins Fließen zu bringen, klopfen Sie jetzt mit Ihrem lockeren rechten Handgelenk Ihre linke Arminnenseite von oben nach unten, um die Hand herum und auf der Außenseite wieder hoch zur Schulter, klopfen Sie sich einen Moment lang stolz auf die Schulter – denn Sie tun gerade etwas für sich –, dann geht es die Arminnenseite wieder runter und außen hoch Richtung Schulter. Wiederholen Sie das Ganze ein drittes Mal, bevor Sie die Seite wechseln.
Dann fangen Sie wieder auf der linken Schulter an, klopfen schräg über den Brustkorb und entlang der rechten Körperseite bis hinunter zum Fuß. Dort kurz innehalten, wieder hochkommen und das Ganze zweimal wiederholen, bevor Sie die Gegenseite wach klopfen.
Als Letztes klopfen Sie beide Beininnenseiten von oben nach unten, um den Fuß herum und außen an den Beinen wieder hoch. Am Po verweilen Sie eine Weile kräftig klopfend, bevor Sie über die Leiste wieder zur Beininnenseite kommen. Wiederholen Sie dies auch dreimal.
Zum Abschluss reiben Sie mit Ihren Händen Ihre Nieren und legen die Hände dann auf den Unterbauch, der sich wohlig unter der Wärme entspannt.

Übungen dieser Art kennen Sie bestimmt. Ergänzen Sie alles Mögliche aus Ihrem eigenen Repertoire, legen Sie Musik auf, tanzen Sie, gehen Sie spazieren oder joggen, gehen Sie schwimmen, bewegen Sie sich. Und vergessen Sie nicht: Selbst die einfachste Bewegung, das Schulterkreisen am Schreibtisch, das Kopfdrehen, befreit Ihre Kehle!
Einem Nachrichtensprecher beim Rundfunk – er musste acht Stunden am Tag alle halbe Stunde die Kurznachrichten sprechen – gab ich den Tipp: in der Pause einmal schnell mit gutem Armschwung rund um das Rundfunkgebäude gehen. Es wirkte Wunder!

Vielleicht denken Sie jetzt: Mensch, das weiß ich doch alles, das steht doch überall. Doch dann wissen Sie auch, wie schwer es ist, den »inneren Schweinehund« zu überwinden und ins Tun zu kommen.

Meine Erfahrung

Vor vielen Jahren saß ich bei Freunden und quälte mich mit einem Artikel, den ich noch zu schreiben hatte. Karl, ein ruhiger Mensch, hörte sich mein Gejammer an. Er selbst war trockener Alkoholiker und erzählte mir von den zwölf Grundsätzen der Anonymen Alkoholiker. Er nannte mir nur den einen: »Tu's gleich!«
Nach dem Frühstück setzte ich mich an meinen Artikel und konnte den Rest des Tages nach dem Schreiben zufrieden genießen.

Haben Sie eine Minute Zeit für sich?

Genau so geht es uns, wenn wir uns vornehmen, in Bewegung zu kommen. Wir verschieben es auf einen anderen Tag und haben uns damit mal wieder erfolgreich davongeschlichen!
Stehen Sie stattdessen an dieser Stelle einfach kurz auf – nach dem Motto »Tu's gleich!« – und gönnen Sie sich ein bisschen Bewegung. Schlenkern Sie die Arme um Ihren Körper, so wie es Kinder tun, wenn sie warten müssen (Kinder stehen oder sitzen überhaupt nie still – sie bewegen immer irgendetwas). Lassen Sie Ihre Arme um Ihren Körper fliegen und drehen Sie den Rumpf mit. Ihre Hände landen immer wieder am Körper. Durch das Schlenkern werden Lunge und Zwerchfell bewegt, und schon haben Sie Atemaktivierung pur.
Falls Sie keine Lust haben aufzustehen, dann kreisen Sie beim Weiterlesen einfach mit den Schultern oder drehen Sie den Kopf mal nach links oder rechts oder bewegen Sie einfach die Augen Richtung Horizont, als wollten Sie einem vorbeifliegenden Vogel nachschauen. Lassen Sie Ihre Augen in alle Himmelsrichtungen rollen, und gleich entspannen sich Nacken und Kehle mit.
Wenn wir ein Bewegungsprogramm für uns starten möchten, scheitert es meist daran, dass wir die Portionen zu groß machen. Deshalb möchte ich das »Tu's gleich!« ergänzen durch den Satz »Eine Minute ist viel mehr als keine!«

Sie haben bestimmt schon einmal zu Ihrem Kollegen gesagt: »Hast Du mal fünf Minuten Zeit für mich?« oder zur Kollegin: »Wann hast du denn wieder zehn Minuten Zeit, um zusammen einen Kaffee zu trinken?« Wir sprechen von kostbaren Minuten und nehmen uns dennoch keine fünf Minuten Zeit für ein schlichtes Bewegungsprogramm, das uns lockert und erfrischt und die Kehle befreit?
Wenn Sie jetzt meinen, Ihnen falle dann gar nichts ein, was Sie machen könnten, dann schließen Sie kurz die Augen und stellen sich vor, wie es war, als Sie das letzte Mal Ihren inneren Schweinehund überwunden haben und in ein kleines Bewegungsprogramm eintauchten. Erinnern Sie noch, wie frisch und kräftig Sie sich hinterher fühlten?
Deshalb fragen Sie jetzt Ihren Körper, wo er gerne ein wenig gestreckt, gedehnt, bewegt werden will und fangen Sie dann an, sich so zu bewegen, als wollten Sie sich an dieser Stelle Ihres Körpers aus Ihrer Haut winden. Folgen Sie Ihrer Phantasie und Ihren Bewegungsimpulsen und vertrauen Sie Ihrer körperlichen Intelligenz. Oder blättern Sie noch einmal vier Seiten zurück zu den Übungen.

Der Voice Worker

Wenn Sie ein so genannter Voice Worker sind – diesen Begriff habe ich von meiner österreichischen Kollegin Ingrid Amon übernommen –, dann empfehle ich Ihnen zusätzlich zu regelmäßigem Stimm- und Bewegungstraining wöchentlich bis vierzehntägig Massagen, die auch den Kehlkopf und das Kiefergelenk mit einschließen und so helfen, diesen Bereich zu öffnen und die Kehle zu befreien.
Voice Worker sind all diejenigen, die in ihrem Beruf sehr viel sprechen müssen (und zwei Drittel aller Berufe sind Sprechberufe).
Es erstaunt mich immer wieder, wenn Klienten und Klientinnen sich Maßnahmen wie Stimmtraining, Bewegungszeit, Massagen nicht leisten möchten. Für Voice Worker sind Stimme und Körper ein wichtiges Verkaufsprodukt. Und jeder umsichtige Chef investiert in sein Unternehmen, damit die Produkte sich verbessern und konkurrenzfähig bleiben.

Wenn wir einer Rednerin, einem Seminarleiter oder unserem Gesprächspartner zuhören, dann registrieren wir zu 38 Prozent die Stimme (Klang, Tonfall, Melodie, Art und Weise des Stimmgebrauchs), zu 55 Prozent das Erscheinungsbild, Ausstrahlung, Gestik und Mimik und nur zu 7 Prozent den Inhalt der Rede.
Was nützt der Lehrerin ihre sorgfältige Unterrichtsvorbereitung, wenn dann die Stimme versagt? Was hat der Ingenieur davon, wenn er seine ausgefeilte Power-Point-Präsentation nur mit heiserer Stimme darstellen kann? Wie wirkt es, wenn die dezent gekleidete Empfangsdame eines Unternehmens den Kunden mit schriller Stimme empfängt? Was bedeutet es für die Zuhörerin, wenn der Kundenberater sich ständig räuspert?

- Nicht was wir sagen, sondern wie wir es sagen, ist für die zwischenmenschliche Beziehung von allerhöchster Bedeutung.
- Ein Voice Worker weiß um die Bedeutung seiner Stimme und engagiert sich für deren Entfaltung.
- Ein tägliches kurzes Bewegungsprogramm wirkt befreiend für seine (oder ihre) Kehle.
- Er (oder sie) genießt Massagen, um die Stimme zu unterstützen.

Der quere Bauchmuskel – der sichere Halt

Die Bedeutung der Öffnung Ihres inneren Raumes für die Regeneration Ihrer Stimme und Ihres Atems haben Sie bereits erforscht. Die Funktion des Beckenbodens kennen Sie. Die Freiheit Ihres Kehlkopfes unterstützen Sie durch Bewegung und Massagen. Sie achten darauf, dass Sie Ihre Kopfhaltung in wichtigen Gesprächen nicht fixieren, sondern dass Ihr Kopf sich immer frei wie eine Boje auf dem Wasser bewegt. So bleibt auch Ihr Denken frei und beweglich.
In diesem Kapitel lernen Sie körperlich, wie Sie den Strom Ihres Ausatems mit dem richtigen Druck an Ihre Stimmlippen führen, so dass diese ihre volle Schwingungsfähigkeit erreichen und Ihre Stimme klangvoll und tragfähig wird. Sie werden gehört!

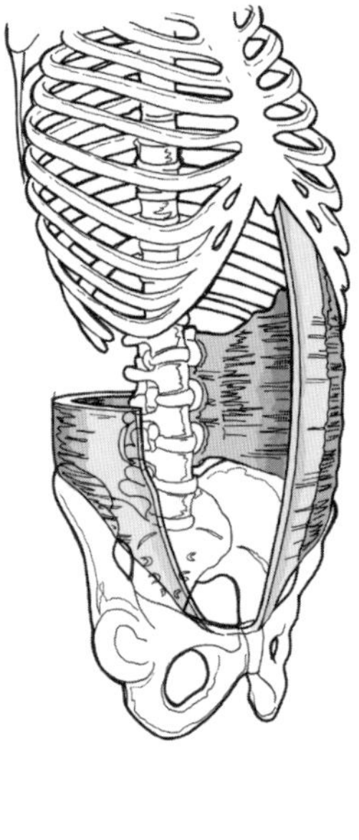

Musculus transversus abdominis, der innerste quere Bauchmuskel, ist beim Sprechen und Singen immer aktiv.

Eine sehr wichtige Rolle für die Stimme spielt neben dem Beckenboden der so genannte Musculus transversus abdominis – der quere Bauchmuskel. Dies ist der tiefstgelegene Bauchmuskel, der mit seinem oberen Teil eine enge Verbindung mit dem Zwerchfell eingeht. Wenn er aktiv ist und seine Aufgaben wahrnimmt, beschenkt er uns nicht nur mit einem guten Atem, sondern er bewirkt ein befreites Kreuz und entspannte Lendenmuskulatur. Er bildet ein »lebendiges Mieder«, welches den Unterbauch zusammenschnüren oder weiten kann. Er gibt uns mit dieser Funktion einen sicheren Halt für Körper und Stimme.

Bei der nächsten Übung dürfen Sie liegen. Diese Übung ist wohl nichts für den Arbeitsplatz. Sorgen Sie vielmehr dafür, dass niemand Sie stört und Sie einen kleinen Moment der Ruhe und Achtsamkeit für sich selbst haben. Außerdem brauchen Sie wieder diesen weichen Overball oder etwas anderes, was Sie zusammendrücken können.
Sind die anderen Übungen so angelegt, dass Sie während des Lesens gleich mitüben können, so müssen Sie bei dieser Übung erst lesen, sich die Übung vorstellen und dann ausprobieren.

Die weiche Stimme

Erster Teil:

Sie liegen auf dem Rücken, Ihre Beine sind aufgestellt. Zwischen den Knien halten Sie den Overball oder ein entsprechendes Objekt. Ihre Hände ruhen auf dem Unterbauch, auf dem Bereich zwischen Nabel und Schambein. Die Mittelfinger berühren sich. Ihre Hände wärmen Ihren Bauch oder umgekehrt; Ihr Bauch wärmt Ihre Hände.
Drücken Sie mit den Knien den Ball langsam, aber fest zusammen, halten einen Moment diese Spannung und lassen dann sehr langsam wieder los. Beobachten Sie die Reaktion Ihres Unterbauches beim Anspannen und Loslassen.

Richtig ist, wenn der Unterbauch beim Anspannen nach innen geht, so dass Ihre Hände Richtung Boden sinken. Beim Loslassen der Spannung weitet sich der Unterbauch wieder passiv, so dass Ihre Hände leicht gehoben werden.
Aktivieren Sie auf diese Weise ein paar Mal Ihren queren Bauchmuskel. Achten Sie darauf, dass Ihr Oberbauch weich und entspannt bleibt.

Zweiter Teil:

Sie bleiben in der gleichen Position und atmen auf »sssssss« aus: Was macht Ihr Unterbauch? Ganz klar: Beim Ausatmen geht er nach innen, beim Einatmen kehrt er zurück.
Jetzt unterstützen Sie die Ausatembewegung durch das gleichzeitige Zusammendrücken des Balls mit Ihren Knien und einem weichen Druck Ihrer Hände nach innen.
Beim Loslassen den Mund, den Unterbauch, aber auch Vagina, Damm und After öffnen und den Einatem lautlos einströmen lassen. Egal, wie viel Spannung Sie im Unterleib beim Ausatmen aufgebaut haben, beim Einatmen lösen Sie hundert Prozent: Sie öffnen den oberen und den unteren Mund.
Verfeinern Sie die Übung, indem Sie das »ssss« ersetzen durch Summen auf »mmh«.
Später lassen Sie Wörter und Text fließen: »Ich«. Sie lassen das »ch« lange strömen. Öffnen, die Stille des Einatems genießen und wieder »Ich« ausatmen. Spüren Sie, wie das »Ich« aus der Tiefe Ihres Körpers strömt.
Lassen Sie das »Ich« in kleine Sätze übergehen: »Ich nicht«, »Ich möchte viel«, »Ich liebe dich«, »Ich möchte in fremde Länder reisen«, »Ich traue mich« usw. – Ihrer Phantasie sind keine Grenzen gesetzt.
Trauen Sie sich in kleine Melodiebögen, wecken Sie Ihre Stimmlippenmuskulatur: »Der Mond ist aufgegangen« – Atem lautlos einströmen lassen, »die goldnen Sternlein prangen« usw.
Achten Sie genau auf das lautlose Einströmen des Atems in die sich öffnenden Räume: Die Welle geht (beim Sprechen) und eine neue Welle kommt (beim Einatmen). Der Unterbauch geht nach innen und lässt wieder los.
Als Gegensatz schieben Sie mal den Bauch bewusst raus, während Sie ausatmen. Halten Sie am Ende der Ausatmung inne und erleben Sie die Spannung im Hals. Wann immer sich der Unterbauch beim Sprechen rausschiebt, wird die Kehle belastet, die Stimmlippen können nicht mehr frei schwingen. Ein weit verbreiteter Fehler. Die Fachleute nennen dieses Phänomen »paradoxe Phonationsatmung«: Die Atembewegung ist bei der Phonation (Phon = der Ton), also bei der Tongebung, paradox, falsch herum: nach außen, statt nach innen. Sie wissen es jetzt bereits schon besser.

Dritter Teil:

Wenn Sie möchten, können Sie noch mehr im Liegen – jetzt ohne Ball zwischen den Knien – experimentieren.

Sie ziehen den Unterbauch aktiv nach innen, während Sie Ihr rechtes Bein heben, langsam aus der Hüfte heraus kreisen und kontrolliert wieder aufsetzen. Kontrolliert heißt, der Unterbauch bleibt bis zum vollständigen Aufsetzen des Fußes nach innen gezogen. Steht der Fuß wieder, lassen Sie den Unterbauch los.

Jetzt kombinieren Sie diese Bewegung mit Ihrem Ausatem, Ihrer Stimme: Während Sie das Bein bewegen, tönen, sprechen oder singen Sie, der Unterbauch geht permanent nach innen. Sie bleiben im Ausatem, im Ton, bis Sie Ihren Fuß wieder vollständig aufgesetzt haben.

Jetzt öffnen Sie Mund und Unterbauch, der Einatem fließt lautlos in Sie hinein und Sie beginnen mit dem anderen Bein die nächste Bewegungssequenz inklusive hörbarem Ausatem.

- Beim Ausatmen wird das Mieder geschnürt: Der quere Bauchmuskel zieht sich zusammen, der Unterbauch wird flach.
- Beim Einatmen öffnet sich das Mieder wieder, der Unterbauch weitet sich passiv (er wird niemals aktiv rausgestreckt!).
- Der Unterbauch geht immer nach innen, wenn Sie sprechen oder singen.
- Das Mieder schnürt sich zusammen beim Sprechen, bei Bewegung, beim Tragen von Lasten.
- Ihr »lebendiges Mieder« verhindert durch seine Aktivität das Auftreten von Rückenproblemen.

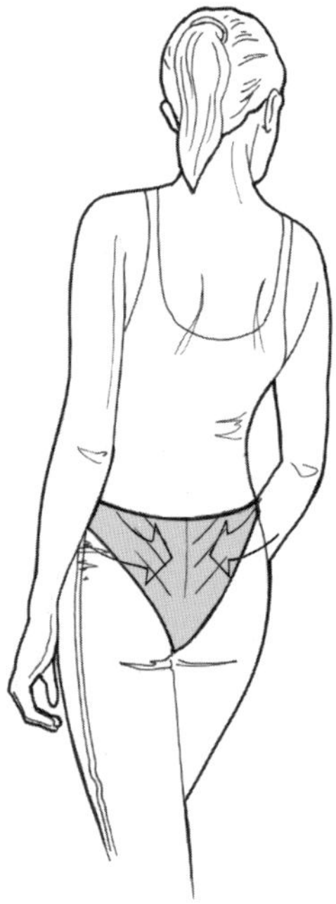

Wie ein lebendiges Mieder verengt sich beim Sprechen und Singen der untere Raum und öffnet sich wieder beim Einatem.

Erinnern Sie sich an die Übung »Der singende Ball« (S. 50)? Da haben Sie neben dem Beckenboden bereits Ihren queren Bauchmuskel trainiert. Wenn Sie möchten, probieren Sie diese Übung jetzt noch einmal aus. Sie sitzen aufrecht und spüren, wie Ihr Unterbauch nach innen geht, wenn Sie sprechen und sich weitet, wenn der Atem wieder einströmt. Damit haben Sie das Einmaleins einer guten Sprechtechnik verstanden.

ÜBUNG

Die gute Balance

Wie geht das jetzt im Stehen, werden Sie sich fragen. Ganz einfach: Stellen Sie sich hin, ziehen Sie langsam den Unterbauch nach innen und kreisen Sie mit dem rechten Bein aus der Hüfte heraus in Zeitlupe. Lassen Sie den Unterbauch nach innen gesaugt, wenn Sie den Fuß langsam und vorsichtig auf dem Boden aufsetzen.
Ertasten Sie dabei mit dem Fuß Zentimeter für Zentimeter den Boden, so als sei dieser weicher Waldboden. Entspannen und öffnen Sie Ihren Unterbauch erst, wenn der Fuß sicher auf dem Boden steht. Dann machen Sie das Gleiche mit dem anderen Bein und atmen dabei singender- oder sprechenderweise aus. Beachten Sie streng, dass Sie mit

dem Ausatem, dem Sprechen oder Singen aufhören, wenn der Fuß ganz auf der Erde gelandet ist.

Für den passiven Einatem öffnen Sie den Mund und den Unterbauch. Den Beckenboden öffnen Sie, indem Sie in den Knien nachgeben. Bleiben die Knie durchgedrückt, ist der Beckenboden verschlossen und somit haben Sie keine hundertprozentige Öffnung Ihres inneren Raumes, Ihrer Schatzkiste.

Wenn Sie mit dieser Übung – die übrigens für Sänger und Sängerinnen eine sehr effiziente Möglichkeit zum Erlernen von Phrasierungen ist – ausreichend experimentiert haben, schließen Sie am besten gleich die nächste Übung an.

Der Einatem öffnet Ihren Mund, Ihren Rücken, Ihren inneren Körperraum, Ihre Knie – er führt Sie in Ihr inneres Zentrum.

ÜBUNG

Der bewegte Stand

Sie stehen mit durchlässigen, das heißt minimal gebeugten Knien, Ihre Pomuskulatur ist entspannt. Beim Sprechen oder Singen geht der Unterbauch nach innen. Für den Einatem nach einer sinnerfassenden Einheit öffnen Sie Ihren Mund, Ihren Unterbauch und Ihre Knie. Das müsste inzwischen eine leichte Übung für Sie sein.
Das Öffnen, der Zugang zu Ihrer Mitte geht Ihnen immer mehr in Fleisch und Blut über. Deshalb üben Sie jetzt direkt eine kleine Rede. Das //-Zeichen steht für den reflektorischen Einatem mit der Öffnung Ihres Raumes und Ihrer Knie:

Guten Abend, meine Damen und Herren! // Ich freue mich sehr, // Ihnen mein neues Restaurantkonzept vorstellen zu dürfen. // Da unser Restaurant an einer lauten Straße liegt, // bietet es im Sommer keinerlei Möglichkeit zum Draußensitzen. // Deshalb // habe ich mich entschlossen, über die Sommermonate zu schließen. // Doch keine Angst: // Ich habe das Areal für einen Sommergarten ganz in der Nähe gefunden. // Zwei Zelte sorgen für das leibliche Selbstbedienungs-Wohl, // frisch gezapftes Bier // und eine gute Auswahl an trockenen Weinen werden serviert, // ein betreuter Kinderspielplatz schließt sich direkt an das Gelände an. //

Bei jeder Rede, jedem Vortrag, jeder Präsentation, jedem Gespräch sollten Sie zu Beginn in die Weite Ihres inneren Raumes eintauchen. Sowohl im Sitzen als auch im Stehen checken Sie deshalb als erstes die Weite Ihres Unterbauches: Lassen Sie Ihr Mieder weit sein, damit Sie die schnürende Kraft verwenden können, um Ihre Stimme in den Raum zu schicken. Beim Stehen gehören zur Weite des inneren Raumes die durchlässigen Knie unbedingt dazu.
Ich benutze auch gerne das Bild einer geöffneten Zahnpastatube: Wenn Sie unten erst vorsichtig und dann immer kräftiger drücken, kommt oben die Zahnpasta heraus. Wenn Sie dann loslassen, wird die Zahnpasta wieder nach innen gesaugt. Wenn Sie sprechen, brauchen Sie eine sich stetig aufbauende Kraft – Beckenboden- und Unterbauchmuskulatur –, um Ihre

Worte wie eine Fontäne hinauszuschicken in die Welt. In der Sprechpause lassen Sie los und öffnen sich für Luft, neue Kraft, aber auch für Ihr Gegenüber, für die Atmosphäre, die Stimmung. So entsteht lebendige Kommunikation!

Die Kraft von Beckenboden- und Unterbauchmuskulatur schickt Ihre Worte wie eine Fontäne in die Welt.

Meine Erfahrung

Ich stehe vor zirka zehn Jahren vor ein paar hundert Menschen auf einem Fachkongress zum Thema Stimme auf dem Podium. Mein erster Vortrag vor so vielen Fachkollegen über mein Stimmtraining. Ich weiß, dass ich hier nicht nur mit meinem Inhalt überzeugen kann, sondern vor allem mit der Art und Weise, wie ich spreche, wie meine Stimme klingt, überzeugen

muss. Fehler im Gebrauch der Stimme werden mir besonders übel genommen, da ich ja darüber rede, wie man die Stimme richtig benutzt.
Ich bin sehr aufgeregt. Da ich als letzte an diesem Tag an der Reihe bin, ist es schon unruhig im Saal. Ich habe nur fünfzehn Minuten Zeit. Ich warte zu Beginn meiner Rede konsequent, bis ich meine »Buddha-Qualität«, meine innere Offenheit gefunden habe. Und da passiert etwas, was sich in all meinen späteren Vorträgen wiederholte: Es wird ruhig im Saal, alle Blicke richten sich auf mich. Und ich erschrecke vor der geballten Ladung an Interesse und Aufmerksamkeit. Und schon verschließt sich mein Raum, wird mein Atem hoch und flach. Ich warte wieder. Was mir wie eine Ewigkeit vorkommt, sind nur ein paar Sekunden. Sekunden, in denen ich mir meinen Raum nehme und damit die Sympathie der Zuhörer gewinne.
Ich fange an zu reden, meine Stimme ist klar und ruhig. Ich schiebe das Mikrophon beiseite. Da ich weiß, wie ich die richtige Körperspannung aufbaue und wieder loslasse, kann ich mühelos mit meiner Stimme einen Raum füllen. Ich bin in meinem Element, meine Zuhörer gebannt. Ich genieße den Augenblick, bin aufmerksam nach innen und nach außen, bin präsent. Hinterher bekomme ich sehr viel positives Feedback, vor allem über die Authentizität meines Vortrags.

- Beim Stehen müssen die Knie durchlässig sein, damit der innere Raum sich öffnen kann.
- Für das Senden von Worten brauchen Sie eine Kraft, die sich langsam und stetig steigert.
- Die Ausatemkraft hat ihren Höhepunkt am Ende der Sinneinheit, unmittelbar vor dem Loslassen für den Einatem.

Die Sprache des Fußes

Stellen Sie sich noch einmal Ihren Rumpf als ein wunderschönes Gefäß vor, mit elastischem (Becken-)Boden und elastischen (Bauch-)Wänden. Sie haben bereits erfahren, dass Ihre Stimme in diesem Bereich die Aktivität und das Loslassen der entsprechenden Muskulatur für ihre gute Funktion braucht.
Wenn Sie von Ihrem Gefäß nach unten wandern, so treffen Sie auf die Beine und Füße. Die Bedeutung der Kniebewegung für Öffnen und Verengen des unteren Raumes haben Sie im letzten Kapitel kennengelernt. Sie wissen darüber hinaus, dass alle horizontalen Ebenen im Körper miteinander korrespondieren (S. 58).
Die Fußsohlen sind die unterste horizontale Ebene. Ihr Kontakt mit dem Boden wirkt sich direkt auf den Beckenboden und damit auf das Zwerchfell und die Stimmlippen aus. Da wir nicht mehr barfuß auf unebenen, harten oder weichen Böden gehen, hat unsere Fußmuskulatur weniger ausgleichende Bewegungen zu tun und wird steif und fest. Dies hat verminderte Flexibilität in den anderen horizontalen Ebenen zur Folge.

Mit den Füßen die Welt entdecken – das kann man in Barfußparks, wie sie in letzter Zeit an vielen Orten entstanden sind. Auf langen Rundwegen dürfen nackte Füße neue Eindrücke sammeln. Das Laufen auf Waldboden, Rindenmulch, Tannennadeln, Schlamm, durch Bachläufe oder über Kies und Kopfsteinpflaster macht Spaß und ist gesund.
Barfußlaufen regt die Durchblutung an und stärkt das Immunsystem. Unzählige Nervenzellen in der Fußsohle stimulieren die Aktivität des Gehirns und wirken positiv auf den ganzen Körper.
Da ich aber nicht weiß, wann Sie das nächste Mal in einem Barfußpark sind, möchte ich Sie jetzt mit einer sehr bekannten Fußübung vertraut machen und Sie über die Füße zum Tönen bringen.
Die folgende ist eine der besten Übungen gegen Kopfschmerzen und Lampenfieber, die ich kenne. Alles, was Sie dazu brauchen, ist ein Tennisball.

Fußmassage

Nehmen Sie sich für diese Übung mindestens zehn Minuten Zeit. Ziehen Sie Ihre Schuhe aus und stellen Sie sich hin. Falls Sie Mühe haben, auf einem Bein zu stehen, stellen Sie einen Stuhl neben sich, an dem Sie sich mit einer Hand festhalten können. Legen Sie unter einen Fuß einen Tennisball und beginnen Sie, Ihren Fuß mit Druck über den Ball zu rollen – so, als wollten Sie einen Hefeteig ausrollen. Lassen Sie keine Ecke Ihres Fußes aus. Nehmen Sie wahr, welche Stellen empfindlicher sind als die anderen. Lassen Sie sich Zeit.

Suchen Sie sich jetzt einen empfindlichen Punkt am Fuß aus, platzieren den Ball darunter und geben Gewicht auf diesen Fuß. Der Ball drückt wie ein massierender Daumen in Ihren Fuß: Sie stellen sich vor, wie Ihre Muskeln um den Ball herum schmelzen und der Schmerz zum Boden abtropft. Ihr Beckenraum bleibt die ganze Zeit geöffnet, das Knie Ihres Standbeines durchlässig, Ihr Atem fließt ruhig. Dann suchen Sie sich einen zweiten, dann einen dritten Fußpunkt und verfahren genauso.

Zum Abschluss rollen Sie noch einmal Ihren Fuß über den Ball, schieben den Ball zur Seite, schließen die Augen und vergleichen Ihre beiden Füße. Gibt es einen Unterschied zwischen rechts und links?

Widmen Sie sich jetzt dem anderen Fuß mit der gleichen Aufmerksamkeit.

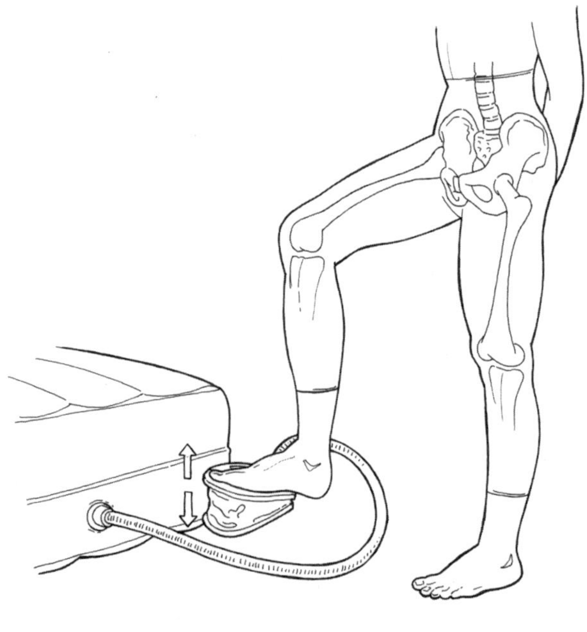

Die Muskelaktion beim Sprechen gleicht der Benutzung einer Luftpumpe – Kraftaufbau beim Ausatem, Loslassen beim Einatem.

Der Abdruck im Sand

Sie haben bestimmt schon einmal eine Luftmatratze oder ein Schlauchboot mit einer Fußpumpe aufgeblasen. Das Wetter ist wunderbar, ein herrlicher Sommertag: Ihr Blick schweift über den See zum Horizont. Sie möchten sich ein wenig auf dem Wasser treiben lassen und pumpen Ihre Matratze auf.
Sie lernen nun zwei unterschiedliche Möglichkeiten kennen, wie Sie die Energie in Ihrem Körper zum Fließen bringen können.

Von oben nach unten

Sie legen sich den Tennisball unter Ihren Vorderfuß, zwischen die Ballen. Diese Stelle heißt in der chinesischen Medizin »Der sprudelnde Quell«. Die Massage dieses Punktes stimuliert Ihre Lebensenergie, die Energie, die alles durchfließt und sämtliche Lebensprozesse aufrechterhält.
Stellen Sie sich den Tennisball als eine Luftpumpe vor – Sie stehen am See. Jetzt geben Sie Gewicht auf den Ball: »tsch« – Luft entweicht, Sie lassen los, Luft strömt ein – »tsch«. Pumpen Sie Ihre imaginäre Luftmatratze auf und atmen Sie beim Drücken hörbar, mit Stimme, mit Ton, mit Melodie aus. Beugen Sie beim Zusammendrücken des Balles immer Ihre Knie, so dass Sie beim Ausatmen nach unten gehen. Die Fließrichtung der Bewegung ist abwärts, vom Himmel zur Erde. Beim Loslassen kommen Sie wieder hoch.
Genauso reflektorisch wie das Luftnehmen der Pumpe ist auch Ihr Einatmen: Mund und Unterleib öffnen sich, passiv und lautlos strömt sauerstoffreiche Luft in Ihren Körper. Sie erinnern die Regel: Die Basis der gesunden Stimme ist der lautlose reflektorische Einatem.
Machen Sie das Gleiche mit dem anderen Fuß. Beim Zusammendrücken des Balls sprechen Sie Satzeinheiten oder singen Sie Phrasen. Wenn der Ball nicht mehr zusammengedrückt werden kann, ist Ihr Satz, Ihre Liedzeile am Ende (egal, an welcher Stelle im Satz Sie sind), Sie lassen los und sprechen erst mit dem nächsten Druck auf den Ball weiter.

Legen Sie jetzt den Ball beiseite. Stellen Sie sich vor, Sie stehen auf weichem Sand. Von der Ferse ausgehend machen Sie jetzt beim Sprechen oder Singen mit dem rechten Fuß einen Abdruck in den Sand, am Schluss akzentuieren Sie den Abdruck des rechten Fußes mit dem Großzehballen. Beim lautlosen Einatmen heben Sie den linken Fuß, um dann mit diesem einen »Abdruck mit Stimme« in den Sand zu setzen. Dann heben Sie den rechten Fuß und machen mit ihm und Ihrer Stimme den nächsten Abdruck. Fahren Sie fort, stempeln Sie den Raum mit Ihren Füßen. Nehmen Sie den Raum in Besitz, hinterlassen Sie Ihre ganz individuellen Spuren!

Als letzte Sequenz bleiben Sie stehen: Solange Sie sprechen oder singen, geben Sie langsam in den Knien nach, so dass Ihr Vorderfuß mehr Gewicht bekommt. Sie gehen ein wenig nach unten. Beim lautlosen Einatmen kommen Sie wieder hoch und öffnen dabei Mund und Unterbauch. Vorsicht: Jetzt nicht die Knie durchstrecken, das verschließt Ihren inneren Raum.
So üben Sie sehr konsequent das Teilen eines Textes in die richtigen Sinneinheiten. Sie finden darüber den richtigen Spannungsaufbau für den Atem und entlasten Ihre Kehle vollständig.
Ich finde diese Übung wunderbar, da ich durch sie in eine Art meditatives Gehen mit Stimme komme und meinen Atemrhythmus und meine kraftvolle Stimme finde. Und doch gibt es jetzt einige unter Ihnen, denen diese Übung nicht so schmeckt. Ihnen biete ich eine andere Variante der Übung an. Probieren Sie!

Von unten nach oben

Sie legen den Ball unter Ihre rechte Ferse. Während Sie das Gewicht auf den Ball geben und klangvoll ausatmen, streckt sich Ihr Körper – von der Ferse ausgehend – über das Knie nach oben. Sie wachsen. Die Fließrichtung der Bewegung ist nach oben, von der Erde zum Himmel.
Beim Loslassen und Einatmen kommen Sie wieder in die leicht gebeugten Knie zurück. Das Gewicht Ihres Körpers ruht auf dem Vorderfuß. Wieder schieben Sie beim Tönen die Ferse in den Boden und wachsen gleichzeitig nach oben. Probieren Sie dies eine Weile mit dem rechten Fuß aus, bevor Sie dann zum linken wechseln. Spielen Sie wieder mit Texten, Melodien und finden Sie das richtige Ende für Ihre Texteinheit.

Lassen Sie dann den Ball weg, stellen Sie sich einen weichen Waldboden unter Ihren Füßen vor. Sie hinterlassen mit Ihrem rechten Fuß – von der Ferse ausgehend – einen Abdruck auf dem Waldboden und wachsen dabei nach oben. Für den lautlosen Einatem geben Sie im rechten Knie nach, heben dabei das linke Bein. Machen Sie jetzt mit dem linken Fuß Ihren »Abdruck mit Stimme«. Sie kommen in ein »stimmiges Gehen« mit einem kleinen Schwung nach oben.

Stehen Sie nun wieder mit durchlässigen, ganz leicht gebeugten Knien. Beim Sprechen oder Singen drücken Sie die Fersen in den Boden, die Knie strecken sich langsam, die Sitzhöcker kommen zueinander. Für den lautlosen Einatem öffnen Sie den Mund und den gesamten Beckenraum (Sitzhöcker gehen auseinander), Sie geben in den Knien nach. Während der nächsten Sprech- oder Singsequenz bauen Sie wieder von unten nach oben Körperspannung auf, die Sie für den Einatem lösen. Denken Sie beim Lösen daran, den Mund, den Unterbauch, den Beckenboden und die Knie zu öffnen.

Bei beiden Versionen der Übung kommen Sie in eine Art Wellenbewegung: Sie verbinden sich aktiv mit den Wellen Ihres Atemrhythmus und sind so in Ihrem Element. Sie stehen nicht mehr stocksteif da mit durchgedrückten Knien und verschlossenem Beckenraum. Ihr Atem ist nicht länger hoch und hektisch. Sie finden wiederum Ihren inneren Raum und die unterstützende Bewegung für Ihren Ausatem, Ihre Stimme.
Ihre Flexibilität überträgt sich auf Ihre Stimme, Ihr Denken und Ihr Gegenüber. Die Anstrengung von permanenter Muskelanspannung weicht einem erfrischenden Muskelspiel. Ihr Vortrag, Ihre Rede, Ihr Unterricht, Ihre Präsentation strengen Sie nicht mehr an. Ihr Vortrag wird lebendig und akzentuiert. Ihre Kehle und Ihre Zuhörer danken es Ihnen!

Beispiel

Matthias S., 57 Jahre alt, Bauingenieur und Chorsänger, hat seit einer schweren Erkältung vor einem halben Jahr seine ursprüngliche Stimme nicht wiedergefunden. Seine Sprechstimme ist tiefer und rauer geworden, seine Singstimme brüchig und leise. Er leidet unter Kurzatmigkeit. Sein Hausarzt äußerte gar den Verdacht auf Asthma. Als ich mich mit Matthias unterhalte, fallen mir seine sehr kurzen Sprechsequenzen auf, die von heftigen geräuschvollen »Einatemschnappern« ständig unterbrochen werden.

Nachdem wir einige Stunden zusammen gearbeitet haben, und Matthias seinen inneren Raum über den Einatem finden kann, biete ich ihm die Übung »Der Abdruck im Sand« an. Wie in jeder Stunde, muss Matthias als erstes seine Buddha-Qualität wiederfinden. Interessant, dass sein Alltag ihn immer wieder aus seinem Zentrum, seiner Ruhe herauskatapultiert. Dies gibt ihm viel Stoff zum Nachdenken und vielleicht stehen ja auch einige Änderungen ins Haus.

Den Raum für den reflektorischen Einatem findet Matthias sicher, wenn er beim Singen die Beine streckt und die Sitzhöcker zusammenzieht, um dann für den Einatem deutlich in die Knie zu gehen und dabei Unterbauch und den Po loszulassen. Doch die Kraft für den langen Ausatem fehlt ihm dann. Deshalb drehen wir die Übung um: Beim Singen geht Matthias langsam ohne Unterbrechung in die Knie, kommt dabei fast in eine kleine Kniebeuge. Beim Einatmen schnellt Matthias wie eine Feder nach oben, öffnet dabei gleichzeitig Mund und Bauch und kann schon wieder weitersingen. Sein Körper hat blitzschnell den Atem ergänzt. Seine Kräfte wachsen, sein Ausatem wird länger und länger, seine Stimme schöner und schöner.

Die Schweißperlen stehen ihm auf der Stirn, aber gleichzeitig leuchten seine Augen: »Jetzt weiß ich endlich, wie das geht! Ich muss nur ganz konsequent loslassen und mich darauf hundert Prozent konzentrieren. Ich brauche ja gar nicht einzuatmen, das macht mein Körper schon. Das macht mir so viel Spaß! Und meine Kehle wird kein bisschen müde.«

Da Matthias so viel Spaß beim Singen hat und für das richtige Tun sofort mit einer wohlklingenden Stimme belohnt wird, ist er sehr motiviert zu üben. Für ihn geht es jetzt darum, die Öffnung des inneren Raumes auch in seiner Alltagssprache zuzulassen: Zum einen muss er lernen, sich beim Reden die Zeit für diese muskuläre Entspannung zu nehmen. Zum anderen wäre es sinnvoll für ihn, herauszufinden, was ihn in seinem Leben so einengt, ihn so aus der Ruhe bringt.

Haben Sie herausfinden können, welche von den beiden Übungen Sie bevorzugen? Version 1 (von oben nach unten) oder Version 2 (von unten nach oben)? Wann klingt Ihre Stimme besser? Was entspricht Ihnen mehr? Wählen Sie für den Alltag die Version, die Sie leichter und natürlicher finden, die Ihrem persönlichen Fluss besser entspricht.

Warum für den einen das Strecken der Beine und das Zusammenziehen der Sitzhöcker gut und für den anderen das Beugen der Beine und das Dehnen der Sitzhöcker besser ist, erkläre ich Ihnen im nächsten Kapitel in einem kleinen Ausflug zu den Atemtypen.

- Das Fußgewölbe hat eine unmittelbare Verbindung mit der Aktivität von Beckenboden und Zwerchfell.
- Die Füße brauchen einen lebendigen Kontakt mit dem Boden.
- Beim Sprechen gehen Sie entweder ein wenig in die Knie und belasten den Vorderfuß oder Sie strecken sich von der Ferse nach oben.
- In der Einatempause kehren Sie immer in die Ausgangsposition der durchlässigen Knie zurück.
- Sprechen bedeutet Bewegung.
- Das richtige körperliche Tun beim Sprechen entlastet die Kehle.

Meine Erfahrung

Als ich Anfang zwanzig war, studierte ich klassischen Gesang an der Hochschule in Berlin. Leider manövrierte ich mich in eine falsche Gesangstechnik hinein. Je mehr ich übte, desto schlechter wurde ich. Also übte ich noch mehr. Ein Teufelskreis! Probleme mit der Stimme stellten sich ein: Stimmlippenschwellungen bis hin zu den gefürchteten Stimmlippenknötchen. In meiner Verzweiflung suchte ich nach Menschen, die mir helfen können. Und traf dabei auf Frau Goralewski, die »Gora«.
Zu Gora gingen damals alle Leute in Berlin, die in irgendeiner Form »Body Worker« waren oder etwas für sich tun wollten. Gora war damals schon sehr alt und ihre Hände waren vom Rheuma gezeichnet. Sie saß klein und zusammengesunken auf ihrem Stuhl vor mir und sagte: »Mädchen, für Sie ist meine Seniorengruppe gut. Und dort machen Sie nur die Übungen für

die Füße mit – nicht mehr.« Ich war nahezu beleidigt: voll von Kraft und Energie, voller Wille und Tatendrang. Ich, der »angehende Opernstar«, unter lauter alten Leuten!
Gora achtete in der Gruppe sehr genau darauf, dass ich nur die Fußübungen machte. Wann immer ich eine andere Übung mitmachte, pfiff sie mich zurück mit den Worten »Mädchen, Sie wollen zu viel!« Meine Geduld wurde auf eine harte Probe gestellt. Aber ich war erstaunt, wie entspannt meine Kehle nach diesen Seniorenstunden war, wie gut ich singen konnte. Doch mein jugendliches Ungestüm konnte damals diese Reduktion nicht ertragen – ich verabschiedete mich von Gora, was sie mit einem nachsichtigen Kopfschütteln hinnahm. Heute, wenn ich mich in die winzigsten Körperdetails beim Üben verlieren könnte, muss ich oft an Goras Weisheit zurückdenken.

Ich persönlich brauche als Motivation zum Üben neben dem Tun auch immer das intellektuelle Verständnis der Physiologie des Körpers und der größeren Zusammenhänge – sonst wird es mir nach wie vor schnell fade. Deshalb versuche ich, neben den Übungen auch Wissen über Körperfunktionen und -intelligenz zu vermitteln. Wenn dann noch Bilder vor dem inneren Auge entstehen und sich Wohlgefühl einstellt, wird das Training effektiv.

Kleiner Ausflug zu den Atemtypen

Spätestens seit Erscheinen des Buches »Sonne, Mond und Stimme« von Romeo Alavi Kia und Renate Schulze-Schindler (1998) kursiert in Fachkreisen die Frage: »Bin ich ein Ausatmer oder bin ich ein Einatmer?« Ich selbst habe mich mit diesem Thema sehr stark auseinandergesetzt – sowohl theoretisch als auch im Sinne von Selbsterfahrung – und einige Dinge dazu veröffentlicht. Die Erfahrung der Atemtypen hat meine praktische Arbeit zweifelsohne stark beeinflusst.
Im Rahmen dieses Buches möchte ich nicht näher auf die Methode der bipolaren Atmung eingehen. Ich möchte vielmehr den Aspekt der Unterschiedlichkeit beim Aufbau von Körperkräften für die Stimme herausarbeiten.
Wie Sie bereits erfahren haben, mobilisieren wir im Körper eine Vielzahl von muskulären Gegenkräften, die dem Verströmen der Luft während des Sprechens oder Singens entgegenwirken – die so genannte inspiratorische Gegenspannung. Je besser und individueller wir diese beherrschen, kombiniert mit dem bedingungslosen Loslassen und Öffnen für den lautlosen, reflektorischen Einatem, desto klangvoller und belas-tungsfähiger wird unsere Stimme.

Ich bitte Sie, an dieser Stelle noch einmal die Übung »Die tanzenden Höcker« mit der Übung »Der singende Ball« zu vergleichen:
Bei »den tanzenden Höckern« (S. 44) lernen Sie, Ihre mittlere Beckenbodenmuskulatur beim Ausatmen stark anzuspannen: Sie schieben im aufrechten Sitz während des Ausatmens die Fersen in den Boden und ziehen die Sitzhöcker wie zwei Magnete zueinander hin. Ihr ganzer Unterleib verengt sich, schnürt sich zu, wird schmal und kompakt. Durch diese sich stetig aufbauende Kraft des Beckenbodens wird das Zwerchfell so

aktiviert, dass es langsam die Lunge zusammenschiebt, so dass die Luft mit der richtigen Geschwindigkeit an die Stimmlippen herangeführt wird. Gleichzeitig richtet sich durch die Aktivität des Beckenbodens die Wirbelsäule auf und der Brustkorb weitet sich.
Da die Lunge über das Rippenfell mit dem Brustkorb verbunden ist, muss sie die Weitung mitmachen. Wann immer die Lunge sich dehnt, strömt in diese Dehnung Luft. So ist die Dehnung des Brustkorbes eine weitere Möglichkeit, den Ausatem-Strom zurückzuhalten und dosiert auf die Kehle zu lenken.
Beim »singenden Ball« (S. 50) hingegen wird die Muskulatur zwischen den Sitzhöckern nicht kontrahiert. Durch das Zusammendrücken des Balles zwischen den Knien fangen die inneren Oberschenkelmuskeln an zu arbeiten, die damit die Aktivität des queren Bauchmuskels unterstützen. Außerdem verengt sich durch diese Kraft die Strecke zwischen Schambein und Steißbein, so dass auch da wieder Beckenbodenaktivität entsteht. Wenn Sie bei dieser Übung den aufrechten Oberkörper ein wenig nach vorne neigen und Druck auf die Fußballen geben, dehnt sich sogar die Muskulatur zwischen den Sitzhöckern, die Sitzhöckermagnete driften ein wenig auseinander.
Durch diese aktive Dehnung der mittleren Beckenbodenschicht wird der Weg des Zwerchfells nach oben verlangsamt und somit gibt die Lunge die Luft langsamer ab. Das ist eine andere Form der Luftdosierung und Regulation des Anblasdrucks für die Stimmlippen.

Entscheidend ist, welchen Weg des Kraftaufbaus Sie bevorzugen: die Verengung des gesamten Beckenraumes beim Sprechen und Singen oder die Dehnung zwischen den Sitzhöckern beim Tönen. Der Weg, der leichter geht, der müheloser ist, der Ihnen natürlicher vorkommt und der Ihre Stimme besser zum Klingen bringt, ist der richtige. Leichtigkeit und Spaß anstelle von Arbeit und Mühe!
Auch bei der Übung »Abdruck im Sand« (S. 81) habe ich Ihnen zwei Wege gezeigt:

1. Vom Himmel zur Erde: Beim Ausatmen, Sprechen oder Singen beugen Sie die Knie und geben Ihr Gewicht auf den Vorderfuß. Die Sitzhöcker

entfernen sich wieder ein bisschen voneinander, der Po öffnet sich. Die Fließrichtung der Energie ist von oben nach unten. Wenn Sie sich selbst dabei vom Gesicht, über die Brust, über die Körperseiten hin zu den Füßen von oben nach unten mit den Händen abstreichen, unterstützen Sie die Atemführung.

2. Von der Erde zum Himmel: Ihre Knie sind leicht gebeugt: Beim Ausatmen, Sprechen oder Singen drücken Sie die Ferse in den Boden, strecken langsam die Beine, Ihr unterer Beckenraum verengt sich. Die Fließrichtung der Energie ist von unten nach oben. Wenn Sie dabei Ihren Körper von unten nach oben, von den Beinen zum Kopf mit den Händen entlang streichen und am Ende die Arme Richtung Himmel führen, zeigen Sie Ihrer Stimme den richtigen Weg.

Spüren Sie selbst, wann Sie sich gegen den Strich gebürstet fühlen und bei welchen Bewegungen sich Ihre Kehle, Ihre Stimme, Sie selbst sich wohlfühlen. Das ist viel wichtiger als die Frage: Bin ich Ein- oder Ausatmer?
Ein letztes Beispiel für die Unterschiedlichkeit der Menschen: Die einen schlafen lieber in Rückenlage – da kommen die Sitzhöcker ein bisschen näher zusammen –, die anderen lieber in Bauchlage – da können die Sitzhöcker auseinander driften. Sie sagen: Und, was ist mit denen, die auf der Seite schlafen? Na, auch diese drehen sich bevorzugt in eine Richtung, Rücken oder Bauch – wenn sie einmal nicht auf der Seite ruhen. Kennen Sie Ihre bevorzugte Schlaflage?

Mein Ziel ist es, dass Sie Ihre Wahrnehmungsfähigkeit schärfen und selbstbestimmt herausfinden, welche Körperhaltung, welche Fließrichtung, welche Beckenbodenaktivität Ihrer Stimme Brillanz verleiht. Vielleicht entdecken Sie dabei gewisse Gesetzmäßigkeiten des Aufbaus von Körperspannung.
Und nach wie vor gültig ist das Einmaleins einer gesunden Stimme, egal ob Ein- oder Ausatmer. Erinnern Sie es noch?

- Der Einatem beim Sprechen und Singen strömt passiv durch den leicht geöffneten Mund.
- Er strömt reflektorisch von selbst ein und ist völlig lautlos.
- Er erfolgt durch Loslassen von Muskelspannung im Unterleib und in den Beinen.
- Er führt Sie zum Ursprung Ihrer Kraft, in die Weite Ihres inneren Raumes.
- Er schenkt Ihnen Ruhe, Gelassenheit und Selbstvertrauen.
- Der Ausatem braucht Aktivität und Muskelspannung vor allen Dingen des queren Bauchmuskels, Ihres »lebendigen Mieders«.
- Der Aufbau dieser Muskelkraft muss trainiert werden.

Beispiel

Bettina K., 27 Jahre, Mutter eines dreijährigen Sohnes, arbeitet als Lehrerin und singt in ihrer Freizeit in einem Jazzchor. Sie mag ihre Stimme sehr: Sie ist weich, tief und klangvoll. Sie kann viel mit ihrer Stimme experimentieren. Doch wann immer sie lange stehen und sprechen oder singen muss, bekommt sie Halsschmerzen. Ihre Stimme wird kratzig, das Sprechen tut ihr weh. Auf meine Frage, ob sie Rückenschmerzen kennt, reagiert sie überrascht: »Das ist mir noch gar nicht aufgefallen. Immer, wenn ich lange stehen und sprechen oder singen muss, habe ich anschließend sehr starke Rückenschmerzen. Manchmal mag ich aus diesem Grund gar nicht mehr gerne im Chor singen!« Sie wirkt traurig.
Nun beobachten wir zusammen, was passiert, wenn sie spricht: Ihr Unterbauch schiebt sich raus beim Sprechen und wird komplett fest. Keinerlei Flexibilität in diesem Bereich. Zusätzlich verkrampft sich ihr Oberbauch, so dass die Zwerchfellbewegung stark eingeschränkt wird. Sie holt alle Kraft für die Stimme aus dem oberen Brustraum und der Halsmuskulatur. Das sieht anstrengend aus! »Ist es auch«, sagt Bettina.

Als Erstes lernt Bettina, Ihren Beckenboden zu erspüren, dann erforscht sie akribisch die Aktivität der gesamten Beckenbodenmuskulatur und des queren Bauchmuskels im Sinne der starken Verengung des gesamten Raumes. Bettinas Beckenbodenmuskulatur hat wenig Kraft, was sicherlich auch auf die enorme Dehnung durch die Geburt ihres Kindes zurückzuführen ist. Ganz allmählich entsteht Bewegung in dem erstarrten unteren Raum. Bettina koordiniert das Training sehr exakt mal mit Sprech-, mal mit Singstimme und beachtet die Rückkehr in die innere Weite beim Einatem penibel.

Nachdem sie 45 Minuten hochkonzentriert geübt hat, schaut sie mich erstaunt an: »Meine Stimme ist topp und ich habe keinerlei Rückenschmerzen! Im Gegenteil: Ich fühle mich erfrischt und entspannt!« Kein Wunder, ist sie doch nach jeder Aktivität an den inneren Ort der Gelassenheit zurückgekehrt. Sie verspricht, bis zur nächsten Stunde in vierzehn Tagen viel zu trainieren und das Gelernte gleich in Schule und Chor umzusetzen.

Als Bettina wiederkommt, ist sie mit dem Ergebnis ihres Stimmtrainings hochzufrieden. Nachdem Bettina das Basistraining so schnell verstanden hat, können wir weitere technische Sequenzen für die Stimmgebung unter die Lupe nehmen. Ihr führendes Element bei allen weiteren Übungen wird gemäß Ihres Typs die starke Aktivität des gesamten Beckenbodens mit guter Aufrichtung der Wirbelsäule sein. Ihre Fließrichtung ist von unten nach oben.

Meine Erfahrung

In all meinen Sprecherziehungs- und Gesangsstunden lernte ich nur diffus, die Weite des unteren Raumes zu verstärken, beim Sprechen, beim Singen, beim Einatmen – einfach immer. Auch meine Logopädieausbildung brachte mir für diesen Raum nichts Neues, da dort viel mit der oberflächlichen Bauchmuskulatur und den Flanken gearbeitet und die Beckenbodenmuskulatur noch nicht einmal erwähnt wurde.

Kurz nach meinem vierzigsten Geburtstag bemerkte ich, dass meine Blasenmuskulatur schwächer wurde. Wie kann denn das sein, fragte ich mich.

Meine Frauenärztin gab mir darauf die Antwort, die vieles ändern sollte: »Sie müssen gezieltes Beckenbodentraining machen.«

Ich machte mich auf den Weg und experimentierte. Je mehr sich Wissen, Wahrnehmung und Muskelflexibilität in meinem Unterleib vereinten, desto energetischer, kraftvoller und zentrierter wurde ich selbst. Ich entdeckte den Zusammenhang mit meiner Stimme: Als Erstes fand ich das Öffnen und Dehnen der Beckenbodenmuskulatur für den lautlosen Einatem beim Sprechen und Singen, dann entwickelte ich den unterschiedlichen Kraftaufbau für die Stimmgebung.

Ich selbst profitiere stimmlich am meisten davon, wenn ich beim Singen in die Knie gehe und die Sitzhöcker weiter auseinander dehne. Gleichzeitig muss ich gut darauf achten, dass sich die Strecke zwischen Schambein und Steißbein beim Singen verkürzt. Meine Fließrichtung ist von oben nach unten – also bin ich der Gegentyp zu Bettina K. Diejenigen unter Ihnen, die bereits nach der Methode der Atemtypen arbeiten, mögen sich an dieser Stelle die Frage, wer von den beiden ist Einatmer, wer Ausatmer, selbst beantworten.

Da ich nun beim Sprechen und Singen meine mittlere Beckenbodenschicht wenig aktiviere, ist es äußerst wichtig, dass ich genau diese Schicht ohne Stimme exakt trainiere, damit ich kräftig bleibe, meine Rückenmuskulatur unterstütze und mich mit dieser wunderbaren aufsteigenden Energie versorge. Und es macht mir so viel Spaß, wenn ich bei aktiver Beckenbodenmuskulatur und gut geschnürtem »Mieder« – der quere Bauchmuskel – meine Sit-ups genieße und diese Kraft benutze, wenn ich etwas Schweres hochhebe.

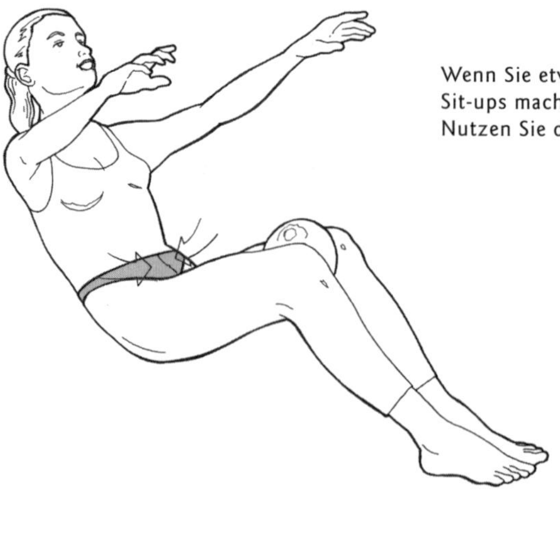

Wenn Sie etwas Schweres heben,
Sit-ups machen, sprechen oder singen:
Nutzen Sie die Kraft Ihres »lebendigen Mieders«.

Eine sichere Welt

Es gibt verschiedene Wege für den Aufbau von Spannkraft beim Sprechen. Wichtig ist, dass Sie für das Senden von Stimme, Inhalt und Ausdruck die nötige Körperkraft aufbauen lernen: So wie man ein Gummiband langsam und stetig spannen kann (Ausatem = Sprechen = Singen), um es dann wieder loszulassen (Einatem = Pause nach einer Sinneinheit, einer Phrase).

Wann immer meine Klienten dieses körperliche Prinzip, das Wechselspiel von Spannungsaufbau und Loslassen sicher verstanden haben und es in Alltagssituationen einsetzen können, erleben sie den ersten großen Trainingserfolg: Erkältung, trockener Hals, Reizhusten, Stimmermüdung gehören der Vergangenheit an.
Die Frage, die an dieser Stelle von allen Klienten kommt, lautet: »Das kann ich doch nicht bei jedem Satz so machen, oder?« Sie haben Recht, denn Emotionen, Hektik und Stress – also der ganz normale Alltag – verschließen unseren Becken- und Bauchraum und verändern unsere Atemführung. Mit durchgestreckten Knien stehen wir spannungsgeladen im Büro, holen aktiv Luft, um unsere Meinung kundzutun. Mit dem Wissen und der Erfahrung vom inneren Raum kann ich mich entscheiden, ob ich meiner Emotion freien Lauf lassen möchte oder ob ich mit dem Loslassen von Spannung beim Einatem in die Sicherheit und Gelassenheit meines inneren Raumes zurückkehren möchte. Mehr dazu können Sie im Kapitel »Atem, Stimme, Emotion« auf S. 125 lesen.
Wichtig ist es auf jeden Fall, immer öfter am Tag die Weite Ihres inneren Raumes körperlich herzustellen, in Ihre »Buddha-Qualität« einzutauchen: Denn damit achten Sie sich selbst (Selbstachtung), finden Vertrauen (Selbstvertrauen) und gewinnen Sicherheit (Selbstsicherheit). Der Kehlkopf kann dann entspannen, wenn die Knie, der Beckenboden und der Unterbauch für den Einatem loslassen und sich öffnen!

»Übung macht den Meister« – dieses Sprichwort gilt auch hier. Gerade Sängerinnen und Schauspieler müssen natürlich sehr konsequent den Wechsel von Spannungsaufbau und Loslassen durchführen, damit ihre Stimme Hochleistungen vollbringen kann.

Mit der nächsten Übung, die ich von der Münchener Physiotherapeutin Renate Tanzberger übernommen habe, möchte ich Sie in eine sichere Wahrnehmungs- und Aktionswelt führen. Diese Übung klappt bei allen und wird Sie »buchstäblich überraschen«.

ÜBUNG

Die buchstäbliche Überraschung

Alles, was Sie zu dieser Übung brauchen, ist der Laut »ch«. Nehmen Sie das vordere »ch«, welches in dem Wort »ich« gesprochen wird. Sie können sitzen oder stehen oder liegen – so, wie es Ihnen gerade behagt. Sie können die Übung im Café, am Arbeitsplatz, in der U-Bahn, an der Kasse des Supermarkts, vor dem Einschlafen, beim Rasieren, beim Eincremen, nahezu überall machen.

Sie sprechen ein lang gezogenes »ch« und beobachten dabei sehr genau, was in Ihrem Unterleib passiert: Was zieht sich da ganz von selbst zusammen? Helfen Sie nicht nach, lassen Sie es von allein entstehen! Danach öffnen Sie den Mund und genau die Muskulatur, die sich gerade eben noch beim »ch« zusammengezogen hat, entspannen Sie wieder. Der Atem strömt reflektorisch ein – denn Sie haben Ihren Mund leicht geöffnet – und Sie können wieder mit dem »ch« ausatmen.

Nehmen Sie wahr: Was wird da alles aktiv außer dem Unterbauch? Je exakter Sie wahrnehmen, desto besser wird Ihr Übungseffekt.

Sprechen Sie das Wörtchen »Ichchch« und erleben Sie seinen Weg aus der Tiefe des inneren Raumes hinaus in die Welt.

Jetzt probieren Sie das Gleiche aus mit dem »ch« von »ach«. Aktivieren Sie damit nicht andere Regionen? Und wiederum: beim lautlosen Einatmen genau diese Region wieder loslassen, entspannen.
Kehren Sie zurück zum »ich«. Sagen Sie »ich« mit lang gezogenem »ch«, lassen Sie los, alles öffnen und wieder »ich«. Dann gehen Sie über zu dem Satz »ich bin ich«. Passen Sie auf, dass Sie beim »bin« die Aktivität vom »ch« fortsetzen. Das »n« hilft Ihnen dabei. Lassen Sie es klingen.
So helfen Ihnen Buchstaben, den Beckenboden zu aktivieren. Ihre Aufgabe ist es, dies wahrzunehmen, zu verstärken, um dann mit dem Einatem alles wieder zu öffnen.

Finden Sie auch beeindruckend, dass sich ausgerechnet das Wörtchen »ich« so sehr aus unserer Tiefe seinen Weg in die Welt bahnt? Sie können mit dem »ch« den Mittelpunkt Ihres Dammes, Ihrer Lotusblüte, Ihres Wurzelchakras erspüren. Von da aus zieht der Strom der Kraft auf einem klaren Weg durch den Körper, durch den Hals und den Mund in die Welt. Beim Einatmen kehren Sie in Ihre innere Welt zurück.

Unsere Wahrnehmung ist ein entscheidender Faktor für den Erfolg eines Trainings. Wenn wir spüren, was in unserem Körper vor sich geht, können wir unser Geschick selbst in die Hand nehmen, sind wir der Kapitän unseres Schiffes. Wenn wir nicht wahrnehmen, folgen wir nur den Anweisungen von außen und werden nie lustvoll und eigenständig üben.

> If you know, what you do, you can do, what you want.
> (Wenn du weißt, was du tust, kannst du tun, was du willst.)
> MOSHE FELDENKRAIS

Was passiert bei der Buchstabenübung? Sie bilden im Mund für den Ausatem einen Reibungswiderstand zwischen Zungenrücken und Gaumen. Dadurch machen Sie die Öffnung für den Ausatem sehr klein und setzen auch noch ein Hindernis. Damit man das »ch« hören kann, schicken Sie sehr viel Luft nach draußen. Und automatisch reagiert die richtige Muskulatur:

- der quere Bauchmuskel (das »Mieder«),
- die äußere Beckenbodenschicht (Sie spüren Genitalbereich, Damm und After),
- die mittlere Beckenbodenschicht (wenn Sie lange genug ausatmen, bewegen sich die Sitzhöcker aufeinander zu).

Und beim Einatmen entspannen Sie genau diese Muskeln wieder: Ihre imaginäre Lotusblume öffnet sich. Sie finden mühelos zurück in Ihren inneren Raum, Sie ruhen in sich selbst.

Eine wunderbare Beckenbodenaktivierung haben Sie auch, wenn Sie pfeifen. Also: Pfeifen Sie ein Liedchen, beobachten Sie die Kontraktionen und jetzt nicht mehr schnappend und kurzatmig wie früher die Luft holen, sondern nehmen Sie sich die Zeit, nehmen Sie wahr: Öffnen Sie Mund und unteren Raum für den passiven Einatem und schon sind Sie wieder auf dem Boden der Tatsachen!

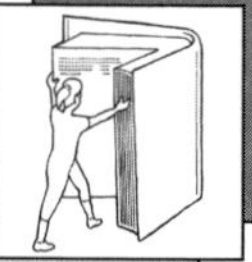

- Es gibt unterschiedliche Wege, die richtige Körperspannung für den Ausatem, für die Stimme aufzubauen.
- Für die Brillanz Ihrer Stimme und für Ihr Wohlgefühl ist es wichtig, dass Sie Ihren individuellen Weg entdecken.
- Die Einatemfunktion beim Sprechen und Singen ist für alle gleich: Sie ist lautlos, beinhaltet das Loslassen der vorher aufgebauten Spannkraft und die Öffnung des inneren Raumes.
- Buchstaben – vor allem das »ch« des ich – zeigen Ihnen immer den richtigen Weg.
- Je besser die Wahrnehmung beim Üben ist, desto größer ist der Trainingserfolg.

Die Flanken –
wärmende Kraft für die Stimme

Nachdem das letzte Kapitel mit der feinfühligen leisen Übung des »ich« geendet hat, möchte ich Sie jetzt in eine Körperregion verführen, die der Stimme die Lautstärke schenkt, die Sie z.B. als Lehrer oder Erzieherin brauchen, wenn Sie Ihrer Gruppe Anweisungen geben oder als Pfarrer, Teamchefin, Verkäufer, wenn Sie ohne Mikrophon laut zu einer Gruppe sprechen oder wenn Sie sich in lauter Umgebung verständigen müssen.

ÜBUNG

Psst!

Reiben Sie im Sitzen Ihre Handflächen gegeneinander und legen Sie diese dann auf den Rücken in Höhe der Nieren auf den weichen Bereich des Lendenmuskels zwischen Brustkorb und Beckenknochen. Reiben Sie diesen Bereich und wärmen Sie ihn. Dann lassen Sie die Hände dort ruhen. Die Daumen zeigen in Taillenhöhe nach vorne.
Genießen Sie die Wärme Ihrer Hände auf den Flanken und spüren Sie die kleine Atembewegung, die sich einstellt. Jetzt sagen Sie ein sehr bestimmtes und lautes »Pssst«, so als wollten Sie jemand, der im Kino ständig mit seiner Chipstüte raschelt und Sie damit schon eine Weile nervt, zur Ruhe bringen. Welche Bewegung spüren Sie unter Ihren Händen? Probieren Sie das ein paar Mal, so dass Sie genau wissen, was beim »Psst« unter Ihren Händen geschieht. Beobachten Sie zusätzlich, was im Beckenboden, was im queren Bauchmuskel passiert.
Sie spüren, wie sich beim »Psst« der Flankenbereich weitet, nach außen geht, ein bisschen dicker wird. Der Unterbauch geht nach innen, es gibt eine Muskelaktion im

Beckenboden. Spüren Sie genau, in welchem Bereich des Beckenbodens Kontraktion stattfindet: Ist es zwischen den Sitzknochen, am After, am Damm, im Genitalbereich? Und wie Sie jetzt schon im Schlaf wissen, lassen all diese Bereiche beim lautlosen Einatem wieder los.
Üben Sie ein bisschen weiter und trainieren Sie Ihre Flanken- bzw. Lendenmuskulatur. Diese Kraft wird Ihnen Sicherheit schenken.

Wenn die Kraft dieser unteren Rückenmuskulatur nicht ausreicht, wenn sich die Muskulatur immer mehr verkürzt, dann entsteht das Hohlkreuz. Häufig passiert das während der Schwangerschaft. Der Bauch wächst und damit wird der Hebelarm nach vorne größer. Wenn die schwangere Frau dieser Last nachgibt anstatt ihre Rückenmuskulatur zu stärken, wird ihr Hohlkreuz immer stärker und der Atem immer knapper. Das Becken wird dadurch nach vorne geneigt, das Kind nahezu »ausgekippt«. Deshalb muss jede schwangere Frau neben dem gezielten Beckenbodentraining die vermehrte Flankenatmung ganz bewusst üben, so dass sie ihr Kind wirklich unter dem Herzen tragen kann.
Eine starke Flankenmuskulatur ist wichtig für die Kraft des Rückens und wieder einmal kann man diese Kraft beim Sprechen und Singen üben. Man braucht keine Geräte, nur die eigene Wahrnehmung und das eigene Tun. Erinnern Sie noch ein wichtiges Prinzip der Anonymen Alkoholiker?

ÜBUNG

Tu's gleich!

Legen Sie wieder Ihre Hände in den Lendenbereich und aktivieren Sie diesen mit »Psst« oder »Ksst« – so, als wollten Sie Hühner verscheuchen. Kontrollieren Sie mit einer Hand auf einer Seite das Auseinandergehen der Flanken. Die andere Hand legen Sie auf den Unterbauch: dieser soll – wie immer – nach innen gehen.

Dann sprechen Sie das Wörtchen »nicht«. Bis einschließlich »t« gehen dabei die Flanken wie eine Ziehharmonika auseinander«. Und dann weiter:
»Ich nicht.«
»Tu das nicht.«
»Nicht mit mir.«
Danach probieren Sie das Rufen aus:
»Komm her!«
»Komm sofort her!«
»Sei doch endlich still!«
»Hallo!«
Lassen Sie sich noch mehr Sätze dieser Art einfallen: Probieren Sie diese mit lauter Stimme, Flankendehnung, Beckenboden- und Unterbauchaktivität. Gehen Sie in die Natur und rufen Sie laut in den Wald hinein. Trauen Sie sich laut zu sein! Fordern Sie Ihre Stimmlippenmuskulatur und sich selbst heraus! Gewinnen Sie Vertrauen in Ihre laute wohlklingende Stimme.
Wie immer: alle Muskelspannung nach der Aktion loslassen, dabei den Mund leicht öffnen. Ihr inzwischen gut trainierter Körper wird den Einatem blitzschnell ergänzen. Sie müssen gar nicht mehr daran denken. Stimmt's?

Wenn Sie jetzt eine Weile geübt haben und die Hände von den Flanken wegnehmen, werden Sie spüren, welch sicheren Halt Sie jetzt an der Rückseite Ihres Körpergefäßes haben. Ein Halt, der Sie bei all Ihren Auftritten unterstützen kann!

- Eine kräftige Flankenmuskulatur verbessert die Haltung.
- Beim Sprechen und Singen dehnt sich die Flankenmuskulatur wie eine Ziehharmonika nach außen.
- Aktive Flanken machen Ihre Stimme laut.
- Sich dehnende Flanken verleihen Ihrem Auftreten Sicherheit.

Beispiel

Tina B., 39 Jahre, Religionslehrerin, leidet während des Schuljahres sehr oft unter Erkältungen, manchmal bleibt die Stimme dann auch ganz weg. Sie singt gerne mit den Kindern, aber sie singt zu leise. Wenn sie der ganzen Gruppe Aufträge erteilen möchte, wird sie nicht gehört. Nach fünf Stunden Unterricht ist sie stimmlich fertig.

Ihr Brustkorb ist sehr zusammengezogen und unbeweglich, die Schultern hängen weit nach vorne. Bevor ich diesen Bereich über Massagen mit gleichzeitigen Stimmübungen für Tina wieder öffne und beweglich mache, braucht sie ein schnell wirkendes Erste-Hilfe-Paket für die nächsten Unterrichtsstunden.

Die Flanken erweisen sich zugänglicher als der Beckenboden – deshalb wählen wir dieses Training. Sofort wird Tinas Stimme laut und klar. Sie kann sogar die Zeilen der Religionslieder mit Hilfe dieser Kraft sicher gestalten. Sie muss nur konsequent darauf achten, dass sich ihre Flanken für die Länge des Satzes wie eine Ziehharmonika auseinander dehnen.

Von ihrer Gewohnheit her lässt Tina beim Sprechen alle Spannung los, die sie beim Einatmen aufbaut. Sie arbeitet wirklich paradox: Sie baut beim Einatmen Spannung auf und lässt diese schon beim ersten Wort völlig los. Sie könnte genauso gut einen Luftballon nach dem anderen aufblasen, um ihn, wenn er gefüllt ist, einfach loszulassen – puff, leer ist er. So verpulvert Tina unendlich viel Energie während des Unterrichtens und hat keine Kraft übrig für das Senden Ihrer Worte.

Tina befürchtet, dass sie an keine Sprechtechnik denken kann, wenn die Kinder mit all ihrer Unruhe und Lautstärke durch das Klassenzimmer wuseln. So üben wir Sätze, die sie in der Regel im Unterricht sagt: »Guten Morgen! Schlagt bitte Seite 110 auf!« usw. Sie bekommt die Aufgabe, wenigstens diese Sätze mit Handkontakt an den Flanken sehr bewusst zu sprechen.

Als sie wiederkommt, erzählt sie, dass die Kinder ganz erstaunt waren, dass sie so eine laute Stimme hat. Die Kinder forderten sie auf, mehr davon zu zeigen. Wenn das kein Erfolg ist!

Meine Erfahrung

In meinem Gesangsstudium habe ich die Flankenweite intensiv üben müssen, was meine damals schmale Taille deutlich verbreiterte. Darüber war ich einerseits unglücklich, andererseits stolz. Heute verfüge ich ganz automatisch über eine gute Flankenaktivität beim Sprechen. Ich bin allerdings sehr empfindlich, wenn dieser Bereich kalt wird. Auch, wenn ich mich in einer Situation ungeschützt fühle oder müde bin, brauche ich die Wärme meiner Hände an diesem Platz und die Wahrnehmung des sanften Atemrhythmus.

In diesem Bereich liegen die Nieren. In der chinesischen Medizin gelten die Nieren als das wichtigste Energiereservoir, sie sind unser Energiespeicher. Die Nieren bewegen sich mit dem Zwerchfell beim Einatmen nach unten und beim Ausatmen wieder nach oben. Auf diese Weise legen sie über dreihundert Meter pro Tag zurück. Wenn ich sie nun mit meinen Händen wärme, die Bewegung der Atmung deutlich wahrnehme und die der Nieren visualisiere, fülle ich sofort meinen Energiespeicher.

Einmal mehr bin ich der Sprechtechnik dankbar, die mir Körpererfahrung und -wissen schenkt. Und ich vertraue meiner Intuition, die mich in wichtigen Momenten die Hände an die Flanken legen lässt.

Die Kraft der Flanken schenkt Ihrer Stimme Lautstärke und Ihnen selbst Wärme und Sicherheit.

Der Brustkorb – das Tor zur Welt

Sie kennen bestimmt die Augenblicke Ihres Lebens, wo Sie in sich zusammensacken: Die Schultern fallen nach vorne, der Rücken wird rund, der Brustkorb zieht sich zusammen, der Bauch drückt sich nach vorne raus. Überall an Ihrem Körper hängen kleine Bleigewichte. Sie fühlen sich schlapp, antriebslos, müde, traurig verstimmt. Ihre Atembewegung ist klein, denn der Brustkorb bewegt sich kaum mehr.
Ganz anders dagegen der Olympiasieger bei Empfang seiner Medaille: Die Arme streckt er jubelnd nach oben, er richtet seinen Brustkorb auf, sein Blick schweift frei umher. So gehen Sie auch durch die Welt, wenn Sie glücklich und verliebt sind, wenn Sie gerade Ihren Traumjob gefunden haben.

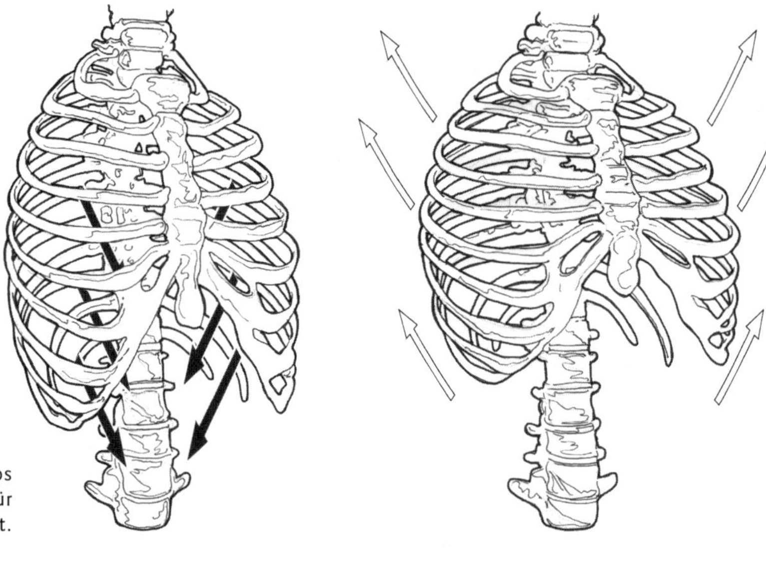

Die Bewegung des Brustkorbs bei der Atmung schafft Platz für Gefühlsausdruck und Lebendigkeit.

Der Brustkorb dehnt sich beim Einatmen aus und zieht sich beim Ausatmen zusammen. Dies macht er mithilfe der Zwischenrippenmuskulatur. Der Brustkorb ist über das Rippenfell mit der Lunge wie zwei feuchte Membranen, die aufeinander liegen, untrennbar verbunden. Alle Bewegungen des Brustkorbes muss die Lunge mitmachen.
Die Lunge selbst ist mit ihren Millionen Bläschen ähnlich wie ein Schwamm aufgebaut. Sie kann insgesamt siebzig Quadratmeter Oberfläche – das ist wohl die Größe eines Tennisplatzes – für den Gasaustausch von Sauerstoff gegen Kohlendioxid nutzen. Sie nimmt bei einem erwachsenen Menschen maximal sechs Liter Luft auf. Bei ruhiger Atmung bewegt sie etwa einen halben Liter Luft.
Die Lunge muss den Bewegungen des Zwerchfells und des Brustkorbs folgen, da sie nicht selbst aktiv sein kann. Damit Ihr Atemvolumen groß genug ist, brauchen Sie also eine gute Beweglichkeit von Zwerchfell und Brustkorb.

Wenn Sie in Ihrem Beruf sehr viel vor dem Computer sitzen müssen, fallen Ihre Schultern von selbst nach vorne. Auch Ihre Rückenmuskulatur ermüdet bei langem Sitzen, der Rücken rundet sich, der Brustkorb sackt in sich zusammen, Ihr Atem wird flach.
Wenn Ihnen jetzt beim Lesen des Buches ein paar Bewegungen einfallen zur Flexibilität des Brustkorbs und Ihrer Schultern, dann legen Sie das Buch weg und tun Sie diese gleich! Strecken und räkeln Sie sich – das nützt immer. Oder schauen Sie nach im Kapitel »Freiheit für die Kehle (S. 63). Wie immer gilt der Grundsatz: »Tu's gleich!«

Das bewegte Zentrum

Unser emotionales Erleben beeinflusst sehr stark die Weite des Brustkorbes. Sind wir traurig und unsicher, zieht er sich eher zusammen. Sind wir glücklich, dehnt er sich freudig. So haben wir viel Lebendigkeit und Ausdrucksfähigkeit in unserem oberen Raum. Leider sehen wir bei den meisten Menschen wenig von diesem Brustkorbspiel. Die statischen Haltungen

herrschen vor. So sehen wir bei dem einen den zusammengefallenen Brustkorb kombiniert mit einem Rundrücken, bei dem anderen die nach oben gereckte Brust, oft verbunden mit einem Hohlkreuz.
Verharren wir in diesen Haltungen, entstehen einerseits die klassischen behandlungsbedürftigen Fehlhaltungen, andererseits werden unser Atem, unsere Stimme, unsere Emotionalität, letztlich unsere gesamte persönliche Ausdruckskraft, eingeengt. Unsere Stimme verliert an Klang, Resonanz und Volumen.

Bei eingesunkenem oder übertrieben hochgezogenem Brustkorb werden Atem und Stimme eingeengt.

Beispiel

Sigrid B., 32 Jahre, Leiterin einer Kindertagesstätte, hat eine sehr verhauchte, leise, klanglose Stimme. Nach jedem Arbeitstag mag sie nicht mehr sprechen, fühlt sie sich stimmlich angestrengt und erschöpft. Ich kann bei ihr keinerlei Brustkorbbewegung beim Sprechen entdecken.
Ich lasse Sigrid vorsingen und entdecke bei ihrem Einatmen nahe dem Schlüsselbein doch noch eine Spur Brustkorböffnung, die Sigrid aber beim ersten Ton gleich wieder aufgibt. Ihre unteren seitlichen Rippen bewegen sich überhaupt nicht mehr. Die Bewegungen des Zwerchfells sind dadurch stark eingeschränkt. Der Bauch ist stark nach vorne gewölbt.

In diesem Fall beginne ich das Training mit einer Atemmassage im Liegen, um die erstarrten Haltungen aufzuweichen. Zum Abschluss probiere ich mit Sigrid noch eine Übung aus, die sie einmal täglich zuhause im stillen Kämmerlein oder auch in der Tagesstätte im Büro üben soll.

Entdecken Sie mit den Übungen, die Sigrid ausprobierte, die Beweglichkeit Ihres Brustkorbs. Finden Sie heraus, welche Übung Sie bevorzugen und üben Sie diese immer dann, wenn es Ihnen eng ums Herz wird!

ÜBUNG

Der Heißluftballon

Sie sitzen gerade auf einem Stuhl. Mit dem Zeigefinger der rechten Hand halten Sie Ihr rechtes Nasenloch zu. Die linke Hand liegt auf den unteren seitlichen Rippen, der kleine Finger berührt die unterste Rippe. Ihr Mund ist geschlossen.
Jetzt ziehen Sie den Einatem geräuschvoll durch das linke Nasenloch und weiten dabei die unteren Rippen. Wenn diese geweitet sind, ist der Einatem zu Ende. Sie öffnen dann den Mund und lassen den Ausatem völlig lautlos und langsam aus dem Mund entweichen. Atmen Sie dann wieder durch das linke Nasenloch ein.
Stellen Sie sich vor, Sie fliegen in einem Heißluftballon. Der Einatem ist die heiße Luft, die der Ballon zum Fliegen braucht. Beim langsamen Ausatem gleiten Sie durch die Lüfte und genießen die herrliche Landschaft. Passen Sie auf, dass Sie rechtzeitig Heißluft nachschieben, damit Sie nicht landen müssen.
Atmen Sie sechsmal durch das linke Nasenloch ein. Schultern und Hals bleiben dabei völlig entspannt. Atmen Sie nur in den unteren und nicht in den oberen Brustkorb. Danach machen Sie eine kleine Pause und wechseln dann die Seite: linker Zeigefinger an linkes Nasenloch, rechte Hand auf die rechten unteren seitlichen Rippen. Sie ziehen den Einatem durch das rechte Nasenloch. Und Ihr Flug geht los.

Am Ende des Fluges halten Sie einen Moment inne. Spüren Sie, welches Gefühl sich tief in Ihrem Inneren gerade ausbreitet. Und kehren Sie zurück in Ihren Alltag.

ÜBUNG

Der weiße Kranich

Jetzt kommt die entgegengesetzte Übung: Sie halten wieder mit der rechten Hand das rechte Nasenloch zu, Ihre linke Hand liegt an den unteren seitlichen Rippen.

Sie atmen jetzt aber durch das linke Nasenloch geräuschvoll aus, komme, was da wolle. Sie fangen dabei sehr leise an und werden immer lauter und intensiver. Die unteren Rippen verengen sich. Dann öffnen Sie den Mund und lassen den Einatem völlig lautlos einströmen. Spüren Sie dabei, wie sich die unteren Rippen weiten! Atmen Sie wieder in einem Crescendo aus.

Stellen Sie sich vor, Sie sind ein weißer Kranich, der durch die Lüfte schwingt. Beim Ausatmen gehen die Flügel kraftvoll nach unten, beim Einatmen werden sie durch den Auftrieb der Luft von selbst nach oben geschickt. So fliegen Sie durch laue Lüfte und über weite Landschaften.

Atmen Sie sechsmal durch das eine und sechsmal durch das andere Nasenloch aus und lassen den Einatem jeweils lautlos einströmen.

Am Ende Ihres Fluges sitzen Sie auf einem Steg und schauen über den blauen See. Nehmen Sie wahr, wie es Ihnen jetzt gerade tief innen geht. Analysieren Sie nicht, bewerten Sie nicht.

- Bei der Einatmung dehnt sich der Brustkorb.
- Bei der Ausatmung verengt er sich wieder.
- Wenn Sie beim Einatmen (ohne Stimme) den Brustkorb aktiv dehnen, ist der Ausatem Entspannung und umgekehrt.
- Aktivität und Entspannung wechseln sich wie bei allen Übungen konsequent ab.

Das Herz geht auf

Über die Atemübungen haben Sie Ihren Brustkorb als bewegliches Zentrum Ihres Körpers wieder entdeckt. Beim Sprechen und Singen brauchen wir die Brustkorbdehnung einerseits, um den Atem zu dosieren und andererseits, um diesen Klangraum zu nutzen. Mal wieder führt uns die Stimme in die schwingende Bewegung, in den Wechsel von Spannung und Loslassen.
Physiologisch gesehen, dehnt sich Ihr Brustkorb bei der Einatmung und verengt sich bei der Ausatmung. Beim Sprechen und Singen versuche ich nun, den Brustkorb während des Sprechens, also während der Ausatmung, weit zu halten, indem ich ihn so dehne, als würde ich einatmen. Dadurch behält die Lunge Luft zurück und der Atem wird richtig dosiert für Ihre Stimmlippenschwingung. Man verstärkt also die Einatembewegung während des Ausatmens. Die Fachleute sagen dafür inspiratorische Gegenspannung. Inspiration ist ein anderes Wort für Einatmung. Probieren Sie es einfach aus:

ÜBUNG

Die Fliege entkommt

Sitzen Sie auf einem Stuhl und gestatten Sie sich dieses Mal einen echten Rundrücken. Dann heben Sie ein Bein hoch und falten Ihre Hände um Ihr Knie. Ihre Arme sind jetzt gestreckt und Ihr Rücken ist völlig rund.
Nun versuchen Sie, nur die Schulterblätter hinten am Rücken zusammenzubringen. Stellen Sie sich vor, da sitzt eine Fliege, die Sie mit Ihren Schulterblättern ein bisschen quetschen wollen. Passen Sie gut auf, dass Ihre Lendenwirbelsäule rund bleibt. Kein falscher Ehrgeiz, kein Hohlkreuz!
Wenn Sie die Fliege bedrängt haben, beschließen Sie, diese wieder in die Freiheit zu entlassen. Sie lassen sich schnell und spontan wieder in Ihren Rundrücken fallen, die Schulterblätter gleiten weit auseinander.

Aber die Fliege kommt zurück, Sie versuchen sie wieder mit Ihren Schulterblättern zu quetschen. Sie lassen Ihre Schulterblätter wieder weit auseinander fallen und die Fliege surrt weg. Machen Sie das ein paar Mal, um diese Bewegung ohne Beteiligung des unteren Rückens zu finden.
Jetzt kombinieren Sie die Bewegung mit Ihrer Stimme: Wenn Sie die Fliege bedrängen, also beim Zusammengehen Ihrer Schulterblätter, sprechen oder singen sie »he« oder »ha« oder »ho«. Nach dem Sprechen der Silbe öffnen Sie Mund, Rücken und Bauch, die Fliege entschwebt. Durch die Dehnung des Rückens wird in diesem Bereich auch die Lunge gedehnt. Weil Sie den Mund geöffnet haben, ergänzt Ihr Körper mal wieder blitzschnell das bisschen Luft, welches Sie beim »he« verbraucht haben. Und sofort können Sie die nächste Silbe sprechen. Kommen Sie in ein lebendiges Spiel Ihres oberen Rückens! Beim Öffnen der Brust tönen Sie und bauen Spannung auf, beim Loslassen fallen Sie passiv in die Dehnung Ihres Rückens.

Sie können sich auch vorstellen, wie bei der Öffnung Ihres Brustkorbs Ihr Herz anfängt, wie die Weihnachtslichter in den Fenstern zu blinken. Ihr Herz funkelt Ihren Gesprächspartner an. Sie öffnen ihm das Herz! Und wenn Sie für den Einatem loslassen und Ihren Brustkorb schließen, fängt dafür Ihr Rücken zu leuchten an.

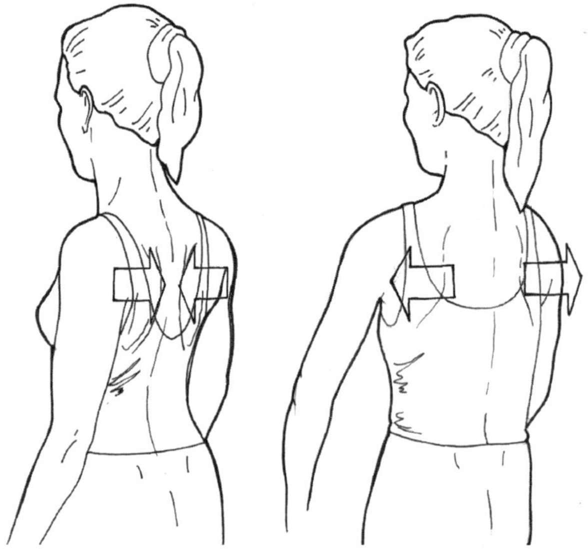

Der runde Rücken sucht Rückhalt und Wärme, der gerade Rücken öffnet die Tür des Herzens nach draußen.

Start und Ziel

In der vorhergehenden Übung haben Sie mit dem Sprechen Ihren Brustkorb geöffnet, um anschließend den Rücken für den lautlosen Einatem zu weiten. Wieder entdecken Sie das Gummiband-Prinzip: Beim Sprechen dehnt sich das Gummiband, beim Einatmen schnellt es zurück in die Ausgangsposition.
Ein anderes Bild ist das eines Sprinters: Der Sprinter öffnet die Brust am Zielband ganz weit, um zu gewinnen. Danach muss er beim nächsten Wettkampf zurück in die Startlöcher für seine neue Chance. Jede Sinneinheit, jede Phrase ein Sprint, jede Einatempause die Rückkehr zu den Startlöchern. Nutzen Sie Ihre Chancen!
Das Verrückte an diesem Prinzip des Wechsels von Loslassen und Spannungsaufbau, von Start und Ziel beim Sprechen und Singen ist, dass Sie die Bewegung genauso gut umkehren können. Wie das geht, erfahren Sie in der nächsten Übung.

ÜBUNG

Der klingende Rücken

Mit dem Ausatem auf »chch« runden Sie Ihren Rücken – und zwar genau da, wo er Dehnung braucht, mal rechts, mal links von der Wirbelsäule, mal mehr oben Richtung Schulter, dann wieder weiter unten Richtung Flanken. Beim reflektorischen Einatem durch den Mund lassen Sie Ihren Brustkorb immer wieder in die Ausgangsposition zurückschwingen.
Dehnen Sie auf diese Weise verschiedene Punkte Ihres Rückens und ersetzen Sie das »chch« durch andere Geräusche, mit Stimme, ohne Stimme, mal länger und kürzer. Entdecken Sie dies wohlige Stimmspiel, die »stimmige Rückenmassage«.
Erweitern Sie dieses Spiel, indem Sie beim Ausatmen mal die Vorder- und dann wieder die Rückseite dehnen. Dazwischen kommen Sie immer in Ihre Startlöcher zurück. Immer da, wo Sie dehnen, öffnet sich die Tür und der Ton schlüpft heraus!

ÜBUNG

Die schwingende Tür

Wenn Sie Lust haben, können Sie das Spiel des Rückens noch erweitern. Am besten geht dies mit Liedzeilen oder längeren Satzeinheiten. Am Anfang der Zeile lassen Sie Ihren Rücken noch runder werden, um so einen längeren Weg zur Tür des Herzens zu haben. Am Ende der Phrase schwingt die Tür des vorderen Brustkorbs weit auf und Ihr Herz leuchtet. Beim Einatem schwingt die Tür zurück und öffnet sich am Rücken. Und die Bewegung geht von vorne los.
Probieren Sie das mit folgendem Beispiel:

- Der Mond *(jetzt ist der Rücken am weitesten gedehnt, Sie starten die Bewegung nach vorne)* ist aufgegangen *(die Brust ist maximal geöffnet, Sie sind am Ziel)*
- *(beim lautlosen Einatem lassen Sie die Spannung los und fallen in Rundung Ihres Rückens, an den Start)*
- Die gold'nen *(Rücken schwingt auf)* Sternlein prangen *(Herzenstür geht auf)*
- *(beim reflektorischen Einatem schwingt die Tür zurück)*
- Am Himmel *(rückwärtige Schwingtür öffnet)* hell und klar *(Herzenstür öffnet)* usw.

Beispiel

Elvira F., 29 Jahre, Personalleiterin eines großen Unternehmens, mag ihre Stimme außerordentlich gern. Sie ist weich und tief, klangvoll und tragend. Sie bekommt auch viele Komplimente für ihre schöne Stimme. Trotz allem ist sie oft erkältet und ihr Hals fühlt sich nach einer längeren Besprechung wie zugeschnürt an. Elvira spricht sehr schnell und lebhaft mit funkelnden Augen. Ihr hastig durch den Mund gezogener Einatem ist – wie bei den meisten meiner Klienten – Fehlerquelle Nummer eins.
Erfolgreich durchläuft sie das ganze Beckenbodenprogramm (S. 44 bis 58) mit dem Schwerpunkt des Loslassens für den lautlosen Einatem beim Sprechen. Es ist völlig neu für Elvira, den Unterbauch und den Beckenboden

beim Einatem zu entspannen. Den Raum, den sie dabei entdeckt, nennt sie »meine innere Heimat«. Das Erlebnis dieser »neuen Heimat« macht sie sehr glücklich.

Da zu diesem Zeitpunkt eine lange Sommerpause ansteht, nimmt sich Elvira vor, täglich selbstständig zu üben. Als wir uns nach dieser Pause wieder treffen, erzählt Elvira, dass sie überrascht war, wie oft im Alltag Becken- und Bauchraum komplett unter Spannung standen, wie oft ihre Knie bis zum Anschlag durchgedrückt waren. Sie hat sehr oft das Wechselspiel von Spannungsaufbau und Loslassen trainiert.

Elvira verbucht als ersten Erfolg den Rückgang ihrer Erkältungen. Sie fühlt sich in Besprechungen deutlich entspannter und gelassener. Ihre Stimme bleibt klar und laut, das Sprechen strengt sie nicht mehr an. Dies führt Elvira auf die körperlich bewusst erlebte Einatempause zurück.

Nach wie vor stört Elvira eine Enge im Hals beim Sprechen. Da ihr Brustkorb sehr eingesunken ist, streckt Elvira ihren Kopf stark nach vorne. Dadurch überdehnt die vordere Halsseite und der Nacken verkürzt sich. Neben den Kopfschmerzen, die sich durch diese Fehlhaltung sehr oft einschleichen, verliert die Kehle ihre Freiheit.

Elvira beginnt unter meiner Anleitung sehr intensiv die Übung »Das Herz geht auf« (S. 107). Ihr Kopf findet durch die Öffnung des Brustkorbes seinen richtigen Platz, die Stimme wird noch voller. Da Elvira einen sehr beweglichen Körper hat, muss sie darauf achten, dass sie beim Öffnen der Brust nicht ins Hohlkreuz geht. Doch sie lernt und übt mit Begeisterung. Ganz nebenbei entdeckt sie ihre Singstimme und singt zu meiner Verwunderung ein wunderschönes »Ave Maria«.

Wieder gibt es eine lange Pause, da Elvira heiratet. Zusammen mit einem prächtigen Hochzeitsfoto schickte sie mir neulich folgende Botschaft: »Ich möchte mich noch einmal bedanken für die guten Stunden bei dir. Meiner Stimme geht es prima, den Beckenboden versuche ich im Auge zu behalten und mein Brustkorb lebt! Im Moment brauche ich keine Unterstützung und falls es mal wieder so weit ist, komme ich einfach zu dir!«

Meine Erfahrung

Ich bin eine kleine Frau und habe nicht allzu lange Beine. Schon als Kind – ich komme aus Rheinland-Pfalz – sagte man zu mir »Hawe sie dich uffg'-stumpt?« Sie meinten damit, einmal hochheben und dann so kräftig auf die Füße stellen, dass die Beine in sich gestaucht werden. Nun, heute lache ich, aber ich beneide jede, die lange Beine hat!

Interessanterweise habe ich meine Größe schon sehr früh kompensiert, indem ich meinen Brustkorb zu stark nach vorne und oben reckte. »Bauch rein, Brust raus« heißt es beim Militär. Ein solches Imponiergehabe machte ich mir sehr früh zu Eigen, weil ich mich dadurch größer und schlanker fühlte.

Heute – mit sehr viel Körpererfahrung – genieße ich die Beweglichkeit des Brustkorbs. Ich finde es spannend, dass ich nach wie vor in Stresssituationen und bei Überlastung den Brustkorb weite und fixiere. Ich gebe mir sozusagen einen Brustkorbhalt und werde unflexibel. Meine Stimme wird dann enger und höher, ich finde meinen inneren Ort nicht mehr. Und wieder führt mich das Stimmtraining zurück in die Flexibilität des Brustkorbs. Mit kleinen Tönen kann ich ihn und mich wieder weich und der Welt zugewandt machen.

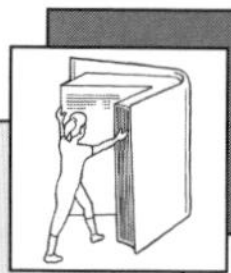

- Ihr Brustkorb dehnt sich während der Stimmgebung.
- Er schwingt in der Einatempause in die Ausgangsposition zurück.
- Er kann sich nach vorne dehnen beim Sprechen und Singen: Das Herz öffnet sich.
- Er kann sich nach hinten dehnen beim Tönen: Die Rückentür schwingt auf.
- Die Lebendigkeit des Brustkorbs beim Sprechen macht Sie beschwingt und frei.

Mund- und Rachenraum – eine freie Klanghöhle

Der Klang, der durch die Schwingung der Stimmlippen erzeugt wird, wandert als Vibration durch die einzelnen Knochen und findet seinen Widerhall in Brustkorb, Wangenknochen, Nasenbein, Nebenhöhlen und in der Kuppel des Schädels. Wie Sie den Brustkorb für den Klang öffnen, haben Sie im letzten Kapitel ausprobiert.

Jetzt geht es darum, den Raum oberhalb der Stimmlippen als Klang- und Resonanzraum zu erobern. »Freeing the Natural Voice« nennt die erfolgreiche amerikanische Stimmtrainerin Kristin Linklater ihr Lehrwerk. Sie bietet in ihrem Buch zahlreiche Übungen zur Öffnung des Stimmkanals an: »Wenn der Schornstein frei ist, kann das Feuer entfacht werden!« – so etwa lautet die Devise.

Meine eigene Vorgehensweise dreht das Bild um. Ich möchte erst ein gutes Feuer entfachen, sammle das Holz, schichte es fachmännisch und suche den Funken. Denn, was nützt mir ein freier Schornstein, wenn es nichts zum Verbrennen gibt? Deshalb beginne ich mein Stimmtraining immer mit dem Ofenbau: Der weite untere Raum entsteht durch den Einatem, die Holzscheite sind die Beckenboden- und Bauchmuskulatur, der Funken ist die Muskelaktivität, der Atem das Feuer.

Ist die Energie für den Weg durch den Körper erzeugt, braucht es nur noch die freie Bahn. Die Schornsteinsegmente Flanken und Brustkorb kennen Sie. Der Hals ist das engste Segment. Er darf durch keinerlei Muskelspannung in seiner Weite beeinträchtigt werden (S. 63). Der Klangraum oberhalb der Stimmlippen wird durch Rachen, Mund und Nase gebildet. Oft wird er durch Verspannungen in Kiefer, Zunge und Gaumen nachhaltig eingeschränkt.

Beeinträchtigungen der Klanghöhle gibt es auf vielschichtige Weise: angefangen bei Deformationen der Halswirbelsäule, über Kiefer- und Zahnstellungsprobleme, über Spätfolgen von Kiefer- und Zahnregulationen hin zu verengter Nase und Fehlspannungen der Zunge bei der Artikulation. Entdecken Sie mit den nächsten Übungen Ihren oberen Klangraum.

Der Schlafplatz der Zunge

Wenn Sie diese Zeilen hier lesen, machen Sie sich darauf gefasst, dass ich Ihnen gleich eine Frage stelle. Wenn Sie die Frage lesen, lassen Sie Ihren Mund und Ihre Zunge unverändert.
Ich frage Sie: »Wo liegt jetzt Ihre Zungenspitze? Wo liegt Ihre Zungenspitze, wenn Ihr Mund geschlossen ist?« Nehmen Sie sich einen Moment Zeit, um hinzuspüren.

Auf diese Frage gibt es tatsächlich nur eine richtige Antwort: Die Zungenspitze liegt in Ruhe zentral hinter den oberen Schneidezähnen auf dem kleinen Wulst, dem so genannten Alveolarrand. An diesen inneren Rand schließt sich der Gaumen an.

Diese richtige Zungenruhelage ist aus folgenden Gründen sehr wichtig: Der Kontakt der Zungenspitze mit dem Alveolarrand

- ist notwendig für das korrekte Schlucken,
- reguliert die Atemfunktion,
- regt den Transport der Lymphe an,
- verbindet zwei wichtige Meridiane und ist dadurch ein Energiespender,
- bildet die Buchstaben »l, n, t, d«.

Falls Sie feststellen, dass Ihre Zunge nie den richtigen Ruheplatz hat, müssen Sie dies unbedingt – am besten unter logopädischer Anleitung – trainieren. Wenn Sie mit dem Training schon selbst beginnen wollen, halten Sie mit der Zungenspitze dreimal am Tag für etwa zehn Minuten eine Haferflocke an diesem Platz mit der Zungenspitze fest: während der Autofahrt an den Arbeitsplatz oder während der Tagesschau. Außerdem fragen Sie Ihre Zunge während des Tages immer wieder: »Nicht wahr, du liegst doch am richtigen Platz?«

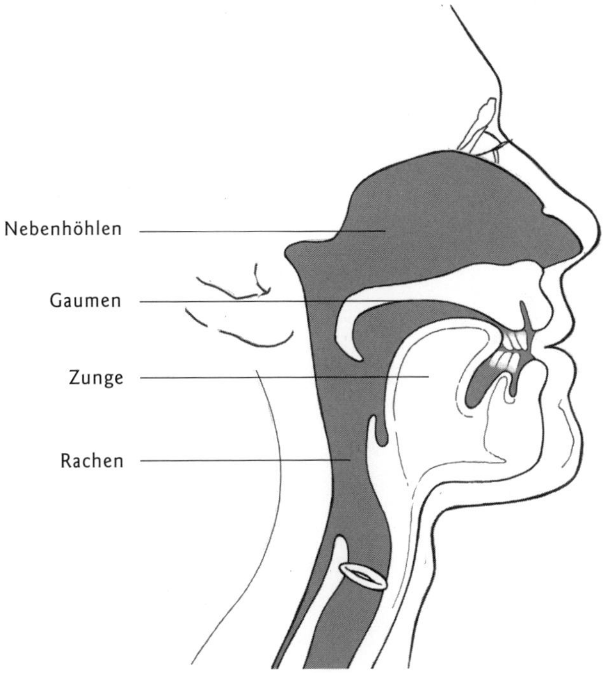

Die richtige Zungenruhelage bei geschlossenem Mund:
Die Zungenspitze liegt hinter den oberen Schneidezähnen.

Übung

Kehldeckel – öffne dich!

Setzen Sie sich gemütlich hin, legen Sie Ihren Zeigefinger auf das Kinn und massieren Sie mit dem Daumen kreisend die weiche Mulde unter dem Kinn. Lassen Sie den Daumen in der Mulde mit leichtem Druck nach oben ruhen und schlucken Sie. Spüren Sie die Kraft dieses Muskels? Er drückt Ihren Daumen beim Schlucken nach unten, ob Sie wollen oder nicht.
Jetzt erlauben Sie diesem Muskel keine Anspannung, wenn Sie auf »mmm« summen. Probieren Sie sorgfältig aus, wie das geht: summen ohne Anspannung des Zungenbeinmuskels! Keine leichte Sache! Geben Sie ein bisschen Feuer von unten, indem Sie beim Summen den Beckenboden aktivieren.

Der Zungenbeinmuskel zieht vom Rand des Unterkiefers zum Zungenbein. Von da geht es weiter zum Kehldeckel. Wann immer dieser Muskel kontrahiert, verschließt der Kehldeckel den Kehlkopf und damit die Luftröhre. Sehr sinnvoll: So rutscht das Essen in die dahinter liegende Speiseröhre und wir verschlucken uns nicht.
Der Zungenbeinmuskel zählt zu den kräftigsten Muskeln unseres Körpers. Durch die vielen Schluckbewegungen baut er pro Tag einen Druck von viertausend Kilogramm auf. Und doch muss er beim Sprechen so entspannt wie möglich sein, damit der Kehldeckel sich aufrichtet und der Weg durch den Schornstein frei ist. Wenn Sie summen, ist der Mund geschlossen, Ihre Zähne haben leichten Kontakt zueinander und der Zungenbeinmuskel ist völlig entspannt. Sie können ihn mit dem Daumen weich nach oben Richtung Gaumen schieben.
In der Bioenergetik wird diese Mulde im Bogen des Unterkiefers das emotionale Nest des Menschen genannt. Wie oft schlucken wir im übertragenen Sinn etwas runter und verbergen unser wahres Gefühl. Wir halten unsere Tränen zurück. Wir zeigen unsere Wut, unsere Empörung nicht. Bei Konflikten, Leistungsdruck und Stress beißen wir die Zähne zusammen, spannen den Zungenmuskel an und halten durch!

Bei vielen Menschen ist der Zungenbeinmuskel so angespannt, dass der Kehldeckel nie ganz öffnet. Die belebenden Schwingungen des Stimmklangs erreichen die Resonanzräume des Kopfes sehr schlecht. Die Stimme klingt dann dumpf und kehlig. Oft verwenden diese Menschen sehr viel Kraft, um die »Sperre im Schornstein« zu überwinden. Die Stimme klingt dadurch gepresst oder unangemessen laut.
Ich rate Ihnen, in kleinsten Einheiten – eine halbe Minute reicht, denn die Anspannung des Muskels hat emotionale Bedeutung – über den Tag verteilt zu üben. Ihr Daumen kreist in der Mulde unter Ihrem Kinn und bittet den Zungenmuskel zu entspannen, während Sie summen. Das geht überall: im Hotelzimmer, auf der Toilette nach dem Händewaschen, am Schreibtisch. Genießen Sie dabei den Klang Ihrer Stimme in Ihren Kopfräumen. Damit verscheuchen Sie Müdigkeit. Diese Übung ist Balsam für die Stimmlippen – ein wunderbares Warming-up für strapazierte Stimmen!

Beispiel

Ralf S., 41 Jahre, erfolgreicher Managementtrainer, klagt über einen permanenten Kloß im Hals. Es kostet ihn immer viel Anstrengung, in seinen Seminaren stimmlich durchzuhalten. Außerdem hat er oft Nasennebenhöhlenerkrankungen und ist dann immer sehr verschleimt. Ralf spricht ausgesprochen laut. Sein Stimmeinsatz ist sehr hart, außerdem räuspert er sich ständig. Deshalb beginne ich unsere Zusammenarbeit mit einer ausführlichen stimmhygienischen Beratung (S. 142).
Ralf ist sehr schlank, deshalb kann ich deutlich sehen, wie sich sein Zungenbeinmuskel beim Sprechen verdickt. Ich zeige ihm dies im Spiegel. Ralf mag diese Art des Doppelkinns überhaupt nicht. Als ich ihn an den erfolgreichen Fernsehmoderator Günter Jauch – bei ihm kann man diese Fehlspannung übrigens auch sehr gut beobachten – erinnere, muss er lachen. »Dann kann es ja nicht gar zu schlimm sein!«
Wir beginnen, den Zungenbeinmuskel auf verschiedene Weise zu bearbeiten. Plötzlich entdeckt Ralf beim Summen, wo es überall im Kopf klingt und schwingt. Ich fordere ihn zu der Imagination auf, den Klang in die Nasennebenhöhlen zu schicken, um den Schleim dort zu lösen. »Der Klang

breitet sich aus wie die Kreise im Wasser, wenn man einen Stein hineingeworfen hat«, so beschreibt Ralf sein Erleben. Er fängt an, seinen weichen Stimmklang zu genießen und geht damit auf kleine Entdeckungsreise. Sein Gesicht glättet sich zusehends. Am Schluss verlässt er erhobenen Hauptes zufrieden meinen Raum.

Der Weg in die Mitte

In der nächsten Übung lernen Sie, die Größe und Form Ihrer Klanghöhle wahrzunehmen und für den Stimmklang zu nutzen. Möglicherweise werden Sie dabei die Verbindung zu Ihrem inneren Raum entdecken und beglückt sein.

ÜBUNG

Ka Ka

Für diese Übung brauchen Sie mindestens zwanzig Minuten Zeit, nichts und niemand darf Sie stören. Stellen Sie deshalb den Anrufbeantworter an und suchen Sie sich eine bequeme aufrechte Sitzhaltung. Wenn Sie gut auf einem Meditationskissen sitzen können, wählen Sie dieses. Stellen Sie sich ein Glas Wasser in die Nähe – Sie werden es brauchen.
Die Übung hat fünf Schritte, die aufeinander aufgebaut sind. Beginnen Sie immer mit dem ersten Schritt, und lesen Sie zunächst aufmerksam die Anleitung für den kommenden Schritt, bevor Sie zu üben anfangen.

Schritt 1:

Sie öffnen Ihren Mund, Ober- und Unterkiefer sind etwa einen Finger breit auseinander. Lassen Sie den Mund während des Übens konsequent offen. Ihr vorderer Zungenrand berührt während der gesamten Übung die unteren Schneidezähne. Mit geöffne-

tem Mund – ohne den Unterkiefer zu bewegen – flüstern Sie jetzt kräftig und klar: »ka«. Spüren Sie, wie sich die Zungenmitte für das »k« zum Gaumen hochwölbt und diesen berührt. Beim »a« fällt die Zunge wieder entspannt in den Mundboden.
Dehnen Sie das »a« beim Flüstern zu einem »aaaaaa« und ziehen Sie dabei Ihren Unterbauch deutlich nach innen. Dann lassen Sie den Mund einfach offen und entspannen Ihren Unterbauch: Der Einatem strömt lautlos von selbst ein.
Sie flüstern wieder geräuschvoll »ka«. Spüren Sie wieder, wie sich die Zungenmitte für das »k« zum Gaumen hochwölbt. Der vordere Zungenrand bleibt dabei unbedingt in Kontakt mit den unteren Schneidezähnen. Machen Sie das ungefähr zehnmal, schließen Sie dann Ihren Mund und nehmen Sie die Größe Ihrer Mundhöhle wahr.

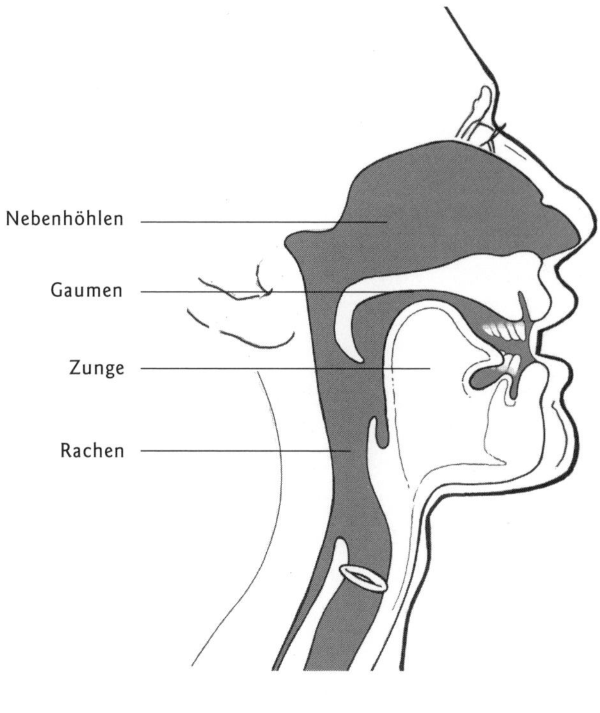

Beim »k« berührt der vordere Zungenrand die unteren Schneidezähne, die Zungenmitte wölbt sich zum Gaumen und löst sich wieder.

Schritt 2:

Nehmen Sie die gleiche Ausgangsposition ein wie vorher. Der Mund bleibt während der gesamten Übung permanent geöffnet. Flüstern Sie wieder »ka«, aber jetzt flüstern Sie das »ka« auch vernehmbar während des Einatems. Sie saugen – gegen alle bisherigen Regeln – die Luft aktiv mit dem »ka« ein. Der Unterbauch öffnet sich beim Einatmen so, als werde er wie eine Schublade aufgezogen. Sie flüstern beim Ausatmen »ka« – die Schublade »Unterbauch« schließt sich – und Sie flüstern beim Einatmen »ka« – die Schublade »Unterbauch« zieht sich auf! Gleichzeitig kippen Sie den Kopf während der Einatmung auf »ka« langsam ein bisschen nach hinten, so, als ob Sie aus einer Flasche trinken würden. Beim ausgeatmeten »ka« kippt der Kopf wieder nach vorne in die Waagrechte.
Wenn Sie jetzt das »ka« zehnmal sprechen, dann fühlen Sie dabei ganz genau den Weg der Einatemluft. Schließen Sie die Augen und visualisieren Sie diesen Weg: am Gaumen entlang, hinten im Rachen die Kurve nach unten, durch die Kehle, Luftröhre, weiter nach unten bis zum Boden Ihres Gefäßes.
Beantworten Sie folgende Frage: Was hat die aktiv eingesogene Einatemluft mit Ihrem Hals gemacht? Schließen Sie Ihre Augen und spüren Sie.
Aktiver Einatem durch den Mund kühlt, trocknet aus und reizt die Kehle. Deshalb trinken Sie gleich einen Schluck, um die Kehle wieder zu befeuchten. Gleichzeitig verdeutlicht Ihnen diese Übung aber den Weg des Einatems. Ist der Hals eingeengt – und das passiert leicht bei eingefallenem Brustkorb und nach vorne gestrecktem Kopf, wird Ihr Stimmklang abgewürgt. Er kann Ihre Kopfräume nicht in Schwingung versetzen. Die Stimme verliert an Resonanz.
Es kann auch sein, dass Ihnen bei der Übung etwas schwindlig geworden ist: Dann haben Sie hyperventiliert und den Beckenboden nicht genug geöffnet beim Einatmen. Auch das passiert öfter im Alltag, wenn Sie beim Sprechen den Einatem zu aktiv nehmen und der untere Raum verschlossen ist. Der Kopf wird heiß, die Gedanken fangen an zu wirbeln. Der Volksmund sagt: »Ich kann keinen klaren Gedanken mehr fassen.«

Schritt 3:

Dieser Schritt geht genauso wie der vorhergehende mit dem Unterschied, dass Sie beim Einatmen die Zunge noch zum »k« an den Gaumen wölben, den Einatem dann aber lautlos mit dem »a« einströmen lassen. Das kleine »Knacken« des »k« hilft Ihnen, den Beginn des Einatemstroms deutlicher wahrzunehmen. Versuchen Sie, den Einatem völlig lautlos seinen Weg nach innen nehmen zu lassen. Visualisieren Sie den Weg

des Einatems genau, öffnen Sie den Unterbauch, kommen Sie auf den Boden Ihres Gefäßes und schicken Sie dann den Ausatem von unten hörbar als geflüstertes »ka« auf demselben Weg wieder raus.
Verfolgen Sie den Weg in Ihren Raum mit »inneren Augen« so genau, dass in Ihnen ein klares Bild für den Weg des Luftstroms von außen nach innen und von innen nach außen entsteht! Machen Sie das zehnmal und zeichnen Sie anschließend das Bild – eine kleine Skizze reicht, um diesen Weg noch besser vor Augen zu haben.

Schritt 4:
Sie machen das Gleiche, ersetzen aber das geflüsterte durch ein laut gesprochenes oder in verschiedenen Tonhöhen gesungenes »ka«. Der Einatem ist wieder völlig lautlos. Achten Sie auf die feine Kopfbewegung, der Kopf neigt sich beim Einatem in den Nacken und kehrt beim Ausatem in die Waagrechte zurück. Wenn Ihnen das Wasser bis zum Hals stünde – im wörtlichen Sinne –, dann werden durch das Kippen des Kopfes beim Einatmen hinten die Haare nass. Das Kinn aber taucht beim Ausatmen nicht ins Wasser. Stellen Sie die Verbindung zum inneren Raum her! Üben Sie zehnmal.

Schritt 5:
Ein letzter Schritt: Sie machen das Gleiche wie bei Schritt 4, nur geben Sie jetzt dem gesprochenen »ka« eine Richtung: Sie suchen sich einen Punkt im Raum, drehen Kopf und Augen in die Richtung und schicken mit guter Beckenboden- und Unterbauchenergie das »ka« zu diesem Punkt. Beim Einatmen kehren Sie in Ihren inneren Raum und in die neutrale Position zurück. Jetzt schicken Sie die Stimme an einen anderen Ort. Wenn Sie wollen, schicken Sie mit Ihrer Stimme eine Farbe und setzen so Farbtupfen in Ihren Raum. Vergessen Sie Decke und Boden nicht! Beim Einatmen landen Sie in der Tiefe Ihres Farbeimers. Beenden Sie die Übung, indem Sie kurz die Augen schließen und Ihre Klanghöhle oberhalb der Stimmlippen wahrnehmen und genießen.

Meine Erfahrung

Vor ein paar Jahren saß ich an einem wunderschönen Spätsommertag am Ufer des Templiner Sees, südlich von Potsdam. Angeregt von Kirstin Linklaters Buch »Freeing your natural voice« experimentierte ich mit meiner

Stimme und entwickelte die »Ka-Ka-Übung«. Zum ersten Mal verstand ich tatsächlich körperlich und emotional ganz genau die Verbindung des oberen mit dem unteren Raum. Ich spürte die Freiheit des oberen Raumes, den ich wie einen Trichter empfand: Mein Schädel war oben offen und die Töne stiegen wie Feuerwerk in den Himmel. Gleichzeitig konnte ich durch Bewegungen des Kopfes die Töne in bestimmte Richtungen schicken und kehrte immer wieder in meine Ausgangsform zurück.
Ich probierte Stunde um Stunde, denn niemand war in meiner Nähe und ich versank im Tun. Als ich meine kleine Reise abschloss, fühlte ich mich erfrischt, ruhte in mir und meine Stimme war voll und satt. Ich hatte einen neuen Schlüssel für mich und meine Stimme gefunden.
Inzwischen habe ich die Übung sowohl in Workshops als auch im Einzeltraining sehr oft eingesetzt. Für viele ist sie zum Anker geworden für den Weg von innen nach außen und umgekehrt. Nur manche haben große Mühe mit der Übung, weil sie Schritt zwei, das aktive Einziehen der Einatemluft ablehnen. Interessanter Weise sind das meist die, die im Alltag sehr stark den Atem durch den Mund holen. In Workshops, wenn alle gleichzeitig arbeiten, entsteht bei vielen das Bild einer Kathedrale. Das liegt an der starken Konzentration und an der Schönheit des Klangs, wenn er aus der Tiefe des Körpers durch befreite Räume in die Welt fliegt.

Beispiel

Andrea B., 28 Jahre, Redakteurin, ist infolge einer Lungenentzündung sehr kurzatmig. Schon nach drei, vier Worten nimmt sie den Einatem mit einem störenden ziehenden Geräusch durch den Mund. Ihr Hals verspannt sich dabei kolossal. Nach zehn Minuten Sprechen ist sie bereits heiser.
Beim Zuhören fühle ich mich sehr unwohl, ihr Atemstress überträgt sich auf mich. Ich spreche sie darauf an. »Sei nicht gleich so aggressiv – bekomme sie sehr oft in Redaktionssitzungen zu hören«, antwortet sie nachdenklich. Und dabei fühlt sie sich gar nicht so angriffslustig. Es ist nur so anstrengend, laut reden zu müssen.
Wir haben zu diesem Zeitpunkt schon mehrere Stunden mit gutem Erfolg zusammen gearbeitet. Ich biete Andrea die Ka-Ka-Übung an. Ihre Reak-

tion überrascht mich. Ausgesprochen wütend lehnt Andrea Schritt zwei, den aktiven Einatem auf »ka« ab: »So ein Quatsch – das soll man nicht tun. Der Einatem geht auch beim Sprechen durch die Nase, Einatmen durch den Mund ist reiner Blödsinn. Das hat man mir schon so oft gesagt!« Sie kann sich kaum beruhigen, es wirkt, als seien alte Wunden aufgebrochen. Ich entscheide mich trotzdem, die Übung fortzusetzen. Allerdings konfrontiere ich Andrea davor mit einer Tonbandaufnahme Ihres Sprechens. Ein zweites Mal wirkt sie sehr betroffen. Hört man doch ständig ein lautes ziehendes Einatemgeräusch!
Im Verlauf der Übung findet Andrea den Weg in ihren inneren Raum. Gleichzeitig wird der Einatem lautlos. Sie ist überrascht von der Weite ihres Hals- und Rachenraumes – den sie nur zugeschnürt kennt – und von der tiefen Entspannung, die sie nach der Übung empfindet. Ihre Hektik, die durch ihre permanente Aktivität entsteht – aktiv beim Aus- und beim Einatmen –, ist wie weggefegt. Sie nimmt sich vor, diese Übung als Anker für Gelassenheit und Entspannung zu trainieren.

Die präzise Artikulation

In den vorangegangenen Übungen zur Befreiung Ihrer Klanghöhle haben Sie die richtige Zungenruhelage, die für viele vitale Funktionen bedeutsam ist, gefunden. Sie haben beim Summen Ihren Zungenbeinmuskel entspannt, damit die Kehle sich gut öffnet und ihre Stimme die Resonanz der Kopfhöhlen erwirbt. Mit der letzten Übung entdeckten Sie die Größe und Form Ihrer »oralen Klanghöhle« und die Verbindung vom oberen zum unteren Körperraum. Jetzt fehlen nur noch Übungen zur Verbesserung der Artikulation.
Die Artikulationsbewegungen werden in der Alltagssprache oft zu undifferenziert und ungenau gemacht, so dass sie den Stimmklang negativ beeinflussen. Der Aufbau einer exakten Artikulation, in dem die Zungenbewegungen für jeden Laut mit äußerster Präzision erforscht werden, macht neben der Mühe sehr viel Spaß und steigert die Deutlichkeit des Sprechens und den Genuss des Schmeckens und Empfindens signifikant.

Wussten Sie schon, dass Ihr Fingerspitzengefühl nur so groß ist wie Ihr Zungenspitzengefühl, dass sich Ihre gesamte Körpermotorik der Geschicklichkeit der Mundmotorik unterordnet?
In den letzten 30 Jahren hat sich für den Mund ein fragwürdiges Schönheitsideal entwickelt: Das Lächeln der Filmstars, der Mund der Zahnpastareklame zeigen gleichgerichtete, genormte, makellose weiße Zähne – ein Zahn wie der andere, ein Mund wie der andere. Über die Spätfolgen von Zahnspangen und Zahnregulationen spricht kaum jemand: beschädigte Kiefergelenke, Probleme der Halswirbelsäule, Fehlfunktionen der Zungenmotorik. Die Auswirkungen auf die Stimme sind erheblich – um die Spange nicht zu berühren, zieht sich die Zunge zum Beispiel nach hinten zurück. Die Folge davon ist eine kehlige, resonanzarme Stimme.
Die Bedeutung des Mundraumes für das Wohlbefinden des Menschen ist ein sehr wichtiges und spannendes Thema – darüber könnte man ein eigenes Buch schreiben!
Im Rahmen dieses Buches möchte ich nur eine wichtige Grundregel für die Artikulation anmerken: Bei allen Vokalen – bei »a, e , i, o und u« – berührt der vordere Zungenrand den Innenrand der unteren Schneidezähne. Wenn sich die Zunge bei den Vokalen im Mund zurückzieht, verstopft sie wie ein Sektkorken Ihre Klanghöhle, so dass der Sekt – Ihre Stimme – nicht fließen kann.

- Die Klanghöhle kann verengt sein durch Probleme der Wirbelsäule, des Kiefers, der Zahnstellung, der Zungenfunktion und durch fehlerhafte Kopfhaltung.
- Der Kehldeckel kann sich nur bei entspanntem Zungenbeinmuskel öffnen und somit den Klang frei geben.
- Wenn die Zunge bei den Vokalen den Kontakt zu den unteren Schneidezähnen verliert und sich im Mund zurückzieht, behindert sie die Stimme.
- Sind die Räume oberhalb der Stimmlippen frei, kann die Stimme ihren Klang entfalten, sie klingt frei und resonanzreich.

Atem, Stimme, Emotion

Zu Beginn dieses Kapitels möchte ich Ihnen eine kleine Geschichte erzählen:
Ich gab einen Workshop in Rostock für Gesangspädagoginnen, Sänger und Gesangsschüler. Ich sollte einige der Teilnehmer, die sich zur Verfügung stellten, unterrichten und dabei meine Methode vorstellen. Das Unterrichten machte mir trotz meiner Aufregung, mich beweisen zu müssen, sehr viel Spaß, da die jungen Sängerinnen ausgesprochen unkompliziert, freudig, kooperativ und wissbegierig waren. Sie konnten meine Anregungen auf der Stelle umsetzen. Alle im Saal hörten eindeutig stimmliche Verbesserungen, wenn die Probanden ihre Beckenbodenmuskulatur einsetzten oder dem Klang im Brustkorb Raum gaben.
Das Feedback war äußerst positiv, bis einer Frau der Kragen platzte: »Das ist doch unmöglich, was Sie da machen. Ich bin Sängerin am Theater hier und ich könnte auf diese Art niemals die Pamina singen. Das ist ja so technisch, so neutral, wie Sie unterrichten. Da friert man ja im Herzen. Wo bleiben denn da die Gefühle? Wie soll denn Pamina die Arie ›Ach, ich fühl's, es ist entschwunden ...‹ singen?«
Sofort war eine lebhafte Diskussion im Gange. Die anderen Sängerinnen erwiderten, dass sie bei der Arbeit sehr viele Gefühle in sich wahrgenommen hätten. Ich selbst entgegnete nichts auf den wertvollen Beitrag der »Pamina« und ließ der Diskussion freien Lauf.
Die Rostocker Sängerin hatte nämlich in gewisser Weise Recht. Jede Emotion hat ihr spezielles Körper- und Atemmuster, welches anders ist als das neutrale Körper- und Atemmuster, das ich in dem Workshop zeigte und das ich Ihnen hier in diesem Buch vermittle.
Wenn Sie wütend sind, atmen Sie ganz anders, als wenn Sie freudig erregt sind. Sie atmen nicht nur anders, sondern Ihre ganze Körperhaltung verändert sich. Als Darstellerin muss ich natürlich zum Beispiel in die Emotion der Trauer kommen, in der sich Pamina befindet. Und da ich vielleicht in

dem Augenblick eigentlich gerade verliebt und absolut glücklich bin, muss ich die Körperhaltung und das Atemmuster der Trauer kennen und bewusst herstellen können, um dem das Gefühl nahe zu kommen, welches Pamina in der Arie ausdrückt. Gleichzeitig braucht die Sängerin wieder die korrekte Atemtechnik, um die Arie stimmlich bewältigen zu können.

Angst, Wut, Trauer oder Glück?

Die Entwicklung der emotionalen und stimmlichen Ausdruckskraft ist ein herausforderndes Thema, welches ich gemeinsam mit Christiane Ohngemach, einer hervorragenden Münchner Schauspieldozentin, in fruchtbarer Zusammenarbeit vertiefen konnte. Ich möchte Sie an dieser Stelle mit drei ihrer Übungen vertraut machen.

ÜBUNG

Emotionales Rätsel

Emotion 1:

Setzen Sie sich auf einen Stuhl, ohne sich anzulehnen. Nun weichen Sie mit Ihrem Oberkörper nach hinten zurück, reißen Ihre Augen weit auf, Ihr Mund steht offen. Atmen Sie ganz flach, ein bisschen hechelnd durch den Mund ein und aus. Halten Sie ab und zu für einen Moment die Luft an.
Machen Sie das so lange, bis Sie spüren, in welche Emotion Sie dadurch geraten.
Beenden Sie dann schnell die Übung, stehen Sie auf und schütteln Sie sich kräftig aus und federn Sie so lange, bis die Emotion aus dem Körper herauskatapultiert ist.

Emotion 2:

Sie sitzen wieder auf dem Stuhl. Sie stellen sich vor, dass überall im Torso, an allen Rippen Bleigewichte hängen. Ihr Körper folgt dem Zug der Gewichte. Alle Muskeln im

Gesicht sind erschlafft, die Jochbeine werden auch von Gewichten nach unten gezogen. Zwischen den Augen bildet sich eine kleine Stirnfalte. Atmen Sie geräuschvoll stufenweise durch die Nase ein und schwer durch den Mund aus.
In welche Emotion geraten Sie durch dieses körperliche Tun?
Wenn Sie es gefunden haben, schnell aufstehen und durchfedern, die Emotion gründlich wegschütteln.

Emotion 3:
Sie sitzen aufrecht und locker. Ihr Jochbein wird von zwei Luftballons rechts und links nach oben gezogen. Sie zünden tausend Kerzen in Ihren Augen an. Sie atmen tief und genießerisch durch die Nase ein und sehr langsam durch den Mund aus.
Welche Emotion breitet sich jetzt in Ihnen aus?

Ich bin sicher, Sie haben die richtigen Antworten erfühlt: Emotion 1: Angst; Emotion 2: Trauer; Emotion 3: Glück
Jemand, der Angst hat, weicht also mit dem Oberkörper nach hinten aus, er reißt die Augen auf und atmet sehr flach. Jemand, der wütend ist, geht mit seinem Oberkörper nach vorne, fixiert mit zusammengekniffenen Augen das Objekt seiner Wut, beisst den Unterkiefer zusammen und atmet tief und geräuschvoll durch die Nase ein, stoppt kurz den Atem und schiebt dann die Luft durch den Mund raus.
Wir realisieren vor allem über das Körper- und Atemmuster die Emotionen unseres Gesprächspartners. Natürlich gibt es die Emotionen in allen möglichen Schattierungen und Mischungen – zum Beispiel drückt der Torso Trauer aus, aber der Atem hat das Muster der Wut.
Die meisten von uns verharren unbewusst in einem bestimmten emotionalen Atem- und Körpermuster, ohne aktuell in diesem Gefühl zu stecken. Wir haben dieses Muster bereits mit der Muttermilch eingesogen, als wir über Imitation sprechen und unsere Stimme gebrauchen lernten. Ich gehe so weit und behaupte, dass einige von uns in einer fremden Grundemotion durchs Leben gehen, welche hinderlich oder unterstützend sein kann. Diese Emotion muss nicht unsere eigene sein, sie wurde beim Sprechenlernen übernommen und bestimmt unser Fühlen.

Das Atem- und Körpermuster der Neutralität zu entdecken ist also nicht nur für die Entwicklung der Stimme wichtig, sondern für die Entdeckung unseres ureigenen Ausdruckspotenzials notwendig. Ausgehend von dem neutralen Muster, welches uns Ruhe, Gelassenheit und Achtsamkeit schenkt, tauchen wir ein in die Kraft der Emotionen und des lebendigen Ausdrucks, um immer wieder zu uns selbst zurückzufinden.
Wenn wir verliebt sind, bewegt sich unser Becken vor lauter Glück immer ein bisschen, befinden wir uns in einem permanenten Minibauchtanz. Becken- und Bauchraum sind offen, wir mögen uns selbst und genießen die Liebe und das Leben. Kein Wunder, dass wir dann keine Atemprobleme, keine Stimmprobleme haben, uns körperlich wohl fühlen und eine wunderbare Ausstrahlung haben!
Das emotionale Atem- und Körpermuster der Aufregung und Unsicherheit kann uns hingegen bei einem Bewerbungsgespräch oder bei einem konfliktreichen Gespräch mit unserem Chef völlig im Griff haben, so dass wir nicht mehr unser Potenzial zeigen können. Für solche Situationen ist es extrem wichtig, körperliche Anker sicher zu kennen.
Sie müssen dann wissen, wie Sie die Öffnung ihres inneren Raumes (S. 44 bis 58) finden, wie die Flanken (S. 97) oder der Brustkorb (S. 107) sie unterstützen können. Sie müssen dann in Ihr neutrales Atemmuster finden, weil dieses Sie zentriert und in Ihr persönliches Potenzial führt.

Beispiel

Moritz G., 44 Jahre alt, Entwicklungsingenieur bei einer großen Firma, muss in Fachkreisen sehr viele Vorträge halten und mehrtägige Seminare durchführen. Er macht das ausgesprochen gern und ist sehr erfolgreich. Er kommt zu mir ins Einzeltraining, weil er sich einerseits stimmlich sehr angestrengt fühlt und weil andererseits sein Sprechen so monoton und ausdruckslos ist.
Moritz erzählt ausgesprochen interessant von seiner Arbeit. Seine Augen sind lebhaft und freundlich. Die Stimme klingt einerseits voll und weich, andererseits hart und gepresst. Moritz spricht sehr schnell und viel, es fällt mir schwer, ihm zu folgen. Wenn ich etwas sage, hört er mir zugewandt

und aufmerksam zu. Ich kann mir sehr gut vorstellen, dass seine Seminarteilnehmer sich bei ihm aufgehoben fühlen. Der erste Teil des Trainings besteht darin, Moritz' Sprechen in kleinere sinnerfassende Einheiten zu gliedern, so dass die Inhalte leichter verdaulich werden. Moritz hilft am besten die Übung »Der singende Ball« (S. 50). Er konzentriert sich dabei auf das Lösen des Unterbauches in der Atempause.

Moritz hat ein Videoband von einem Seminar mitgebracht. Wir analysieren Satz für Satz gemeinsam und üben die körperliche Einatempause. Moritz behält den Ball zwischen seinen Knien und drückt den Ball beim Sprechen langsam mit den Knien zusammen. Wenn er fertig ist mit dem Spannungsaufbau, ist seine Texteinheit zu Ende, und er lässt den Ball los für den Einatem. Diese Übung fällt Moritz leicht.

Es fällt auf, dass Moritz auf dem Band erst nach vielen Sätzen eine Pause macht, in der er dann allerdings tief Luft holen muss. Ihn beginnt zu stören, wie roboterhaft schnell und ausdruckslos er bei der Aufnahme redet. Wir machen eine neue Aufnahme mit den gleichen Texten. Moritz nimmt den Ball als Hilfe. Beim Anschauen der Aufnahme ist er erstaunt, wie lebendig seine Rede bereits geworden ist. Und das, obwohl er selbst beim Tun das Empfinden von viel zu langen Pausen hatte. Auf der Aufnahme wirkten die Pausen völlig angemessen. Moritz wird dies weiter üben und versuchen, im Alltag einzusetzen – da ist er sich sicher.

Als Moritz zwei Wochen später wiederkommt, empfindet er deutlichen Erfolg: »Das Ballquetschen hilft – ich hab's kapiert. Meiner Stimme geht es schon viel besser. Ich habe auch mehr Melodie in der Stimme. Aber trotz allem: Ich brauche mehr Ausdruck, mehr Lebendigkeit.« Ich erkläre und übe mit ihm die emotionalen Atemmuster. Moritz hat im Spiel Mühe, sich Emotionen zu gestatten. Er ist es gewöhnt, freundlich zu sein und zu funktionieren. Wut, Trauer, Glück – Gefühle, die er gar nicht auszudrücken weiß. Er erlebt das spielerische Ausprobieren verschiedener Gefühle als eine große Bereicherung.

Zu meiner Überraschung bittet Moritz mich in der darauffolgenden Sitzung, ihm das Singen zu zeigen. Er möchte jetzt wissen, was alles in ihm steckt! Er findet, er hat sich viel zu früh in seinem Leben beschränken lassen: Er war ein lieber, braver Junge mit guten Schulleistungen, seine Ausbildung hat er mit Auszeichnung beendet, seine Karriere ist immer steil nach oben gegangen. Jetzt ist es an der Zeit, neue Dinge auszuprobieren. Als ich Moritz ein Jahr später auf einem Fest zufällig wiedertreffe, erzählte er mir, dass er inzwischen in osteopathischer Behandlung ist, in einem Chor singt, seinen sicheren Job aufgegeben und sich selbständig gemacht hat.

Das Beispiel von Moritz zeigt, dass nicht nur das Sprechen mit unseren Emotionen in Wechselwirkung steht. Noch deutlicher ist der Zusammenhang beim Singen. Leider haben bereits viele Kleinkinder große Hemmungen zu singen. Mitarbeiter der Technischen Universität Braunschweig konnten das während einer Langzeitstudie an 86 Kindergartenkindern beobachten. Während die Drei- bis Sechsjährigen Wissens- und Bewegungsaufgaben flüssig lösen konnten, kamen viele beim Vorsingen ins Stocken. Laut dem Entwicklungspsychologen Werner Deutsch werden jedoch beim Singen Emotionen viel stärker geweckt als beim Sprechen. Kinder, die gern singen, trauen sich auch in anderen Situationen eher, selbstbewusst ihre Stimme zu erheben. Alle Eltern, die mit ihren Kindern singen, nutzen also eine hervorragende Möglichkeit, die emotionale Intelligenz ihres Kindes zu fördern!

- Emotionen, Stress und Schmerzen verändern unser Atemmuster: Die Beckenbodenmuskulatur verschließt sich und der Atem wird hoch und flach.
- Jede Emotion hat ihr spezifisches Atemmuster und ihren spezifischen Körperausdruck.
- Emotionale Atemmuster haben sich oft unbewusst und dauerhaft im Alltag manifestiert.
- Das Erkennen und Verändern von emotionalen Atemmustern hilft uns in schwierigen Situationen, wo Lampenfieber und Unsicherheit unser Auftreten blockieren.
- Bewusst eingesetzte emotionale Atemmuster können andererseits unsere Ausdrucksfähigkeit steigern.

Stimmlust pur

Zum Abschied der Körperreise mit Stimme möchte ich Ihnen eine meiner Lieblingsübungen vorstellen. Dazu entführe ich Sie noch einmal in die sinnliche Welt der äußeren Beckenbodenmuskulatur. Sie haben sie bereits in der Übung »Die buchstäbliche Überraschung« (S. 93) mit Hilfe des »ch« kennen gelernt.
Zur äußeren Beckenbodenschicht gehören die Muskeln, die bei der Frau den Rand der Vagina bilden und beim Mann die Basis des Penis umringen. Diese Muskeln setzen sich im Schließmuskel des Afters fort. Sie haben die Form einer »8«.
Im Überkreuzungspunkt der »8« sind alle Muskelschichten des Beckenbodens miteinander verbunden, deshalb ist dieses »Centrum tendineum«, der zentrale Dammpunkt, die Schlüsselstelle des Beckenbodens. Hier sammelt sich alle Beckenbodenkraft, hier enden sehr viele sensible Nerven, hier liegt ein Akupressurpunkt, hier wird das Wurzelchakra vermutet.

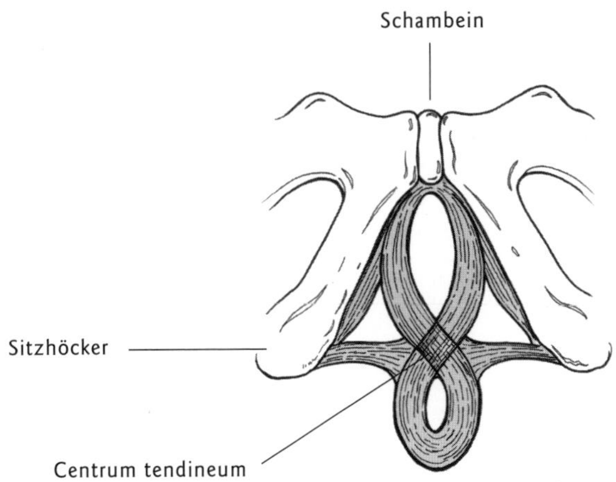

Das Centrum tendineum ist die Schlüsselstelle des Beckenbodens. Seine feine Kraft macht Ihre Stimme weich und sinnlich.

Hinaus in die Welt

Konzentrieren Sie sich im aufrechten Sitzen auf Ihren Dammpunkt. Saugen Sie mit einer kleinen Bewegung den Dammpunkt etwas nach oben Richtung Bauchnabel und lassen Sie ihn wieder sanft nach unten sinken. Spüren Sie als Frau die Mitbewegungen von Vagina und als Mann das Zusammenziehen und Loslassen des Penis und der Prostata.

Diese Bewegung kann an den Flügelschlag eines Schmetterlings erinnern, sie kann die Qualität einer Fischflosse haben oder wie eine Qualle sein, die ihre Fangarme einzieht und wieder loslässt. Finden Sie Ihr ganz eigenes Bild, während Sie den Dammpunkt leicht anspannen und wieder loslassen.

Öffnen Sie jetzt leicht Ihren Mund, nehmen Sie Ihre rechte Hand nach oben vor den Mund und legen Sie imaginäre Wattebällchen auf die geöffnete Hand. Verbinden Sie jetzt den aktiven Dammimpuls mit einem kleinen Pusten: »Huhh« – das Wattebällchen fliegt weg.

Während der Damm wieder öffnet, nehmen Sie die linke Hand vor den Mund und schicken Sie mit dem nächsten Impuls von unten die Watte von dieser Hand in die Luft. Wechseln Sie die Hände und schicken Sie in alle Richtungen Ihren Hauch, Ihre Stimme: »Huhh«.

Stellen Sie sich vor, was Sie gerne loswerden möchten – zum Beispiel Müdigkeit, Kopfschmerz, einen bestimmten quälenden Gedanken –, und schicken Sie es einfach weg mit Hilfe Ihres Dammimpulses. Spüren Sie, wie stark der Impuls sein muss, damit Sie Ihre Angelegenheit auch wirklich loswerden und den Lüften übergeben? Verfolgen Sie mit Ihren Augen und einer Kopfbewegung den Flug!

ÜBUNG

Goldstaub

Sie machen das Gleiche wie eben. Mit dem Flügelschlag Ihres Schmetterlings, den Flossen Ihres Fisches oder den Armen Ihrer Qualle schicken Sie die Luft, Ihre Stimme nach draußen. Bei der Umkehr der Bewegung sinkt die Einatemluft wie fallende Schneeflocken in Sie hinein.
Jetzt stellen Sie sich vor, was Sie gerne hätten. Mit was würden Sie sich gerne verwöhnen – zum Beispiel Heiterkeit, Sonne, Liebe? Schicken Sie mit dem Dammimpuls, mit dem »unteren Mund«, diesen Wunsch von Ihren Handflächen durch den »oberen Mund« in die Luft und lassen mit der Luft den Wunsch wie Goldstaub durch den geöffneten Mund sanft und lautlos in sich hineinrieseln auf den Grund ihres Gefäßes. Von dort schicken Sie den nächsten Wunsch nach draußen, um sich wie im Märchen vom Sterntaler verwöhnen zu lassen. Sie öffnen einfach nur Ihren oberen und Ihren unteren Mund, Ihren inneren Raum. Lassen Sie Ihre Hände und Arme, Ihren Kopf dem Weg der Luft nachfolgen.
So wie das Mädchen im Märchen vom Sterntaler sein Schürzchen aufhält, um die Sterne aufzufangen, so öffnen Sie Ihren inneren Raum für den Segen bringenden Einatem. Versorgen Sie sich mit allem, was Sie brauchen. Genießen Sie!

ÜBUNG

Die sinnliche Kraft

Versuchen Sie jetzt mit der zarten Kraft Ihres Dammpunktes das Wörtchen »ich« in die Welt zu schicken, lauschen Sie – während der Damm sich entspannt und der Einatem durch den geöffneten Mund in Sie hineinrieselt – dem Echo.
Sagen Sie »ich heiße Anne«: Genießen Sie dabei das »ch« als Beckenbodenaktivität und benutzen Sie für die letzte Silbe »ne« den Dammimpuls von unten. Schicken Sie diesen oder andere Sätze mit der sinnlichen Kraft Ihres Beckenbodens hinaus in die Welt!

Beispiel

Linda R., 27 Jahre, Schauspielerin und Simultanübersetzerin, hat eine Serie von Vorsprechen an verschiedenen Bühnen vor sich. Mit dem Wunsch, ihre Stimme zu verbessern und ihre Aufregung bei Vorsprechen besser in den Griff zu bekommen, kommt sie ins Einzeltraining.
Linda ist eine sehr vitale, lustige und emotionale Frau. Sie scheint vor Energie schier zu platzen! All ihre Empathie, all ihre Kraft versucht sie auf der Bühne auszudrücken. Sie ist von dem Wunsch beseelt, ein Engagement zu bekommen.
Als sie mir einen Monolog vorspricht, ist ihre Stimme oft zu laut, manchmal brüchig, fast gepresst. Habe ich vorher im Gespräch noch alle Farben ihrer stimmlichen Ausdruckskraft erlebt, so entdecke ich jetzt nur einen Teil davon. Linda sagt, sie habe beim Spiel überhaupt keine Verbindung nach unten, alles sei wie abgeschnitten. Es sei, als ob nur der Hals spreche. Er tue dann fast weh.
Sorgfältig erarbeiten wir alle Facetten der Beckenbodenkraft und des Bodenkontaktes mit den Füßen. Overball und Tennisball sind im Einsatz. Es wird deutlich, dass Linda immer noch zu schnell und zu stark in die Kraft geht. Sie hat enorme Mühe, die Kraft vorsichtig, langsam und stetig aufzubauen und im Loslassen in die Entspannung zurückzukehren.
Erst die Übung für den Dammpunkt führt zum Erfolg: Linda kann ihre Stimme damit sehr weich einsetzen und dann die Lautstärke frei variieren. Wie bei einem Regenbogen alle Spektralfarben leuchten können, so kann man jetzt alle Facetten von Lindas Stimme hören. Die »Spektralfarben« der Stimme nennt man in der Fachsprache »Formanten«.
Linda geht auf Vorsprechtournee. Von unterwegs ruft sie mich an und spricht auf meinen Anrufbeantworter. »Liebe Eva, Bällequetschen und Vaginalatmung haben es gebracht – ich habe ein Engagement!« Sie kommt nur kurz nach München zurück, um ihre Sachen zu packen. Bei ihrem Abschiedsbesuch bei mir wünsche ich ihr von Herzen Glück, gutes Gelingen und Wohlergehen: Ihre warme, fröhliche und zupackende Art ist sicherlich ein Gewinn für jedes Haus!

Meine Erfahrung

Ich selbst mache die Übung »Goldstaub« gerne, wenn mich Erschöpfung und Gereiztheit zu packen drohen oder schon gepackt haben. Dann nehme ich mir ein paar Minuten Zeit und mit Hilfe dieser feinen Beckenbodenkraft des Dammes schicke ich alles raus, was mir nicht behagt. Ich achte darauf, dass ich es in alle Richtungen schicke. Über die Bewegungen löse ich meinen sturen Kopf und finde neue Blickwinkel.
Danach versorge ich mich mit allem, was ich brauche. Ich lasse den Einatem in alle Ecken meines Körpers hineinrieseln mit den Qualitäten, die ich suche. Zu meiner Überraschung ist es fast immer Heiterkeit. So zaubert sich in mein Gesicht zusätzlich ein kleines Lächeln. Ruhe, Entspannung, Gelöstheit, warme Sonne gesellen sich oft noch dazu. Am Ende der Miniübung fühle ich mich in der Regel erfrischt und gelassen. Der Vorteil: Ich kann dies überall tun!

Überblick

Trauen Sie sich und experimentieren Sie mit den einzelnen Bausteinen der Loschky-Methode®. Entdecken Sie den Baustein, der einfach und wirkungsvoll für Sie ist. An dieser Stelle möchte ich die Bausteine für Sie zusammenfügen und Ihnen so den Überblick erleichtern.

- Das Fundament der Methode bildet die körperliche Erfahrung des inneren Raumes beim Einatmen während des Sprechens. Sie brauchen dazu eine exakte Wahrnehmung der Aktivität Ihrer Beckenbodenmuskulatur und Ihres queren Bauchmuskels. Im Stehen kommen die Durchlässigkeit Ihrer Knie und die Verlagerung Ihres Gewichtes auf den Vorderfuß zwingend dazu.
  So oft wie möglich kehren Sie während der Einatempause in Ihre innere Heimat zurück. Ihr Mund ist immer leicht geöffnet, damit der Einatem blitzschnell, reflektorisch und lautlos sein kann.
  In der kurzen Einatempause entspannen Sie, Sie werden gelassen und sicher, Sie zentrieren und konzentrieren sich. Ihr Gesprächspartner erlebt Sie offen, zugewandt und souverän. Dieses Loslassen regeneriert Ihre Stimmlippen. Diese sind dann – genau wie Sie selbst – bereit zu neuen Taten (S. 44 bis 59).

- Auf dieses Fundament können Sie dann die nächsten Bausteine setzen. Da gibt es die Kräfte, die den Ausatem unterstützen und Ihre Stimme in die Welt schicken: Die Beckenbodenmuskulatur und Ihr »lebendiges Mieder« – das ist der untere quere Bauchmuskel – bündeln durch Ihre Aktivität die Kraft.
  Wenn Sie diese Muskelkraft beim Sprechen einsetzen, verbinden Sie Körper und Stimme auf sinnliche Weise. Ihre Stimme klingt körperverbunden, satt, voll und dennoch weich. Ihr Gegenüber kann sich entspannt zurücklehnen, weil Ihre Stimme ihn sicher erreicht (S. 71 bis 83).

- Die elastische Dehnung der Flanken gibt Ihnen einen zuverlässigen Halt und verleiht Ihrer Stimme Lautstärke und Klangdichte. Sie können deutlich Anweisungen geben und strengen sich dennoch nicht an. Sie wecken Ihre Energie, wenn Sie Ihre Hände dabei wärmend in die Flanken legen. So verschaffen Sie sich mühelos Gehör bei großen oder unruhigen Gruppen (S. 97 bis 99).

- Das Spiel des Brustkorbs öffnet Ihnen die Herzen und verbindet Sie mit der Welt. Sie dosieren damit Ihren Ausatemstrom und befreien Hals und Kopf aus ihren fixierten Haltungen. Sie verleihen Ihrer Stimme mehr Brustresonanz und damit mehr Klangfülle. Gleichzeitig beleben Sie diese Mikrobewegungen und erhöhen Ihren Genuss (S. 102 bis 112).

- Die Kehle selbst braucht alle Freiheit dieser Welt. Sie hasst Manipulation und Fixierung. Die Stimmlippen möchten frei schwingen. Die Kehle mag am liebsten 90% Feuchtigkeit. Sie trocknet aus und erkältet sich, wenn der Einatem laut und aktiv durch den Mund eingezogen wird.
  Aktiver Einatem strömt immer durch die Nase. Denn diese wärmt, reinigt und befeuchtet die Luft, bevor sie die Luftröhre erreicht. Der Weg für den Einatem durch die Nase dauert beim Sprechen zu lang. Deshalb hat die Natur für das Sprechen den reflektorischen lautlosen Einatem durch den Mund vorgesehen (S. 131 bis 133).

- Der Ausatem hat die Stimmlippen in Schwingung versetzt und somit den Stimmklang in der Kehle erzeugt. Jetzt kommt es darauf an, die Räume des Kopfes so zu befreien, dass der Klang wiederhallen kann und die Stimme ihre Resonanz findet.
  Sie öffnen den Mund, die Zunge macht Platz und Ihre Stimme findet den Weg nach draußen, gestützt von sicherer Körperaktivität. Die Stimme, Ihre Worte, Ihre Anliegen werden gehört (S. 113 bis 124).

- Sie haben alle Bausteine einer guten Sprech- und Singtechnik erworben. Das ist mit ein wenig Fleiß ganz einfach und dennoch schwer. Warum? Emotionen, Stress und Schmerzen (also der ganz normale Alltag) versetzen den Beckenboden und den Unterbauch in Spannung und verschließen damit den inneren Raum – das Fundament Ihrer Stimme wackelt. Ihr Atem- und Körpermuster und Ihre Stimme verändern sich.

Wenn Sie Ihren Emotionen Ausdruck verleihen wollen, kann Ihnen diese veränderte Körpersprache dabei helfen. Wenn Sie aber in sich ruhen und souverän handeln möchten, wenn Ihr Potenzial leuchten soll, dann müssen Sie den körperlichen Anker finden, der Sie zurückführt in die Öffnung Ihres inneren Raumes und in die Kraft Ihrer Stimme. Den Weg dahin kennen Sie (S. 125 bis 130)!

Ausklang

Ich bitte alle meine Klienten und Klientinnen vor Beginn des Einzeltrainings, sich von einem Phoniater untersuchen zu lassen. Phoniater sind Fachärzte für Sprach-, Sprech- und Stimmstörungen. Sie haben nach der Ausbildung zum Hals-Nasen-Ohren-Arzt in diesem Gebiet eine Zusatzqualifikation erworben. Sie sollten über viel Erfahrung bei der Beurteilung der Sprech- und Singstimme von Voice Workers verfügen und diese kompetent beraten können.

Die phoniatrische Praxis ist mit besonderen Geräten für objektive Stimmuntersuchungen ausgestattet. So verfügen Phoniater zum Beispiel immer über ein Lupenstroboskop, mit dem sie die Stimmlippenbewegungen in Zeitlupe sehen, auf dem Bildschirm vergrößert darstellen und beurteilen können. So können sie zuverlässig entscheiden, ob Veränderungen der Stimmlippen zum Beispiel durch Ödeme vorliegen oder ob die Stimmlippen aufgrund von falscher Sprechtechnik nicht mehr schließen und ihre Schwingungsfähigkeit beeinträchtigt ist. In den meisten Fällen wird den Patienten eine Stimmtherapie bei einer Logopädin empfohlen.

Die meisten Klienten, die zu mir kommen, haben funktionelle Probleme. Das heißt: Beim Spielen des Instrumentes Stimme treten technische Probleme auf. Fehler haben sich eingeschlichen, da wurde etwas falsch gelernt, da kann das Spiel nicht gelingen. Stimmliche Grenzen und Überlastung sind die Folgen. Wenn der organischen Befund keine Veränderungen der Stimmlippen zeigt, gelten folgende Sätze, die Sie bereits am Anfang des Buches gelesen haben:

Ihre Stimme ist nicht angeboren, sondern erlernt! In Ihnen steckt eine stimmliche Klangpalette, die reaktiviert werden kann! Stimmmängel sind mit gutem Training jederzeit wieder behebbar!

Menschen, die besser Klavier spielen möchten, nehmen Klavierstunden. Die, die besser tanzen lernen wollen, besuchen ein Tanzstudio. Diejenigen, die sich gesünder ernähren möchten, gehen zu einem Ernährungsberater.

Menschen wie ich, die gerne Ski fahren und es nicht so gut können, vertrauen sich einer Skilehrerin an. Da ist es nur logisch, dass all diejenigen, die ihr Stimmpotenzial leben möchten oder Voice Worker sind, sich an einen gut ausgebildeten und erfahrenen Stimmtherapeuten wenden.

Einer meiner Lieblingssätze, den ich immer wieder sage, lautet: »Hat die Kehle ein Problem, dann tut der Körper etwas nicht oder er tut etwas falsch.« Aus diesem Grund habe ich meine Methode so entwickelt, dass mit der Stimmgebung konkrete Körperaktionen verbunden sind. So gibt es immer das Wechselspiel zwischen körperlichem Spannungsaufbau beim Sprechen oder Singen und Loslassen für den Einatem in der Sprech- beziehungsweise Singpause.

Über die Körperaktion finden Sie die richtige Kraft, Ihre Stimme in die Welt zu schicken, und kehren doch immer wieder zu sich selbst, an Ihren inneren Ort zurück. Sie sind im ständigen dynamischen Wechsel von Senden und Empfangen – und das ist Kommunikation –, von Geben und Nehmen, von Spannung und Entspannung. Diese Dynamik hält Sie und Ihre Stimme gesund und kräftig. Das Körperspiel verleiht Ihnen

- Selbstbewusstsein: Sie sind sich dessen bewusst, was sie tun,
- Selbstachtung: Sie achten auf Ihr Kraftzentrum und kehren immer wieder in Ihre Mitte zurück,
- Selbstsicherheit: Sie wissen, was Sie tun müssen.

Meine Erfahrung

Als der Hamburger Bahnhof in Berlin nach Fall der Mauer wieder seine Hallen öffnete, gab es im Garten zwischen den Skulpturen eine Yogaperformance. Es kann sein, dass ich jetzt Dichtung und Wahrheit mische. Denn dieser Abend setzte meine Fantasien frei!

Eine Yogafrau zeigte in dem Garten, zwischen und auf den Skulpturen, herrlich fließende Asanas. Und wie so oft bei Bewegung blieb der Mund geschlossen, fehlte die Stimme. In meiner Fantasie ergänzte ich den Stimmklang der Performerin und hörte innerlich wunderbare Musik. Und ab da war mir mein Konzept klar: Ich möchte Körperaktion mit dem Fluss der Stimme verbinden und umgekehrt die Stimme durch Körperaktivität unterstützen.

Die Loschky-Methode® entwickelte ich im Laufe der Jahre. Je größer meine Erfahrung wird, desto einfacher werden die Prinzipien:

1. Aufbau von konkreter körperlicher Spannkraft beim Sprechen und Singen und Loslassen der Spannung für den – echten – lautlosen und reflektorischen Einatem, der zurückführt in die Köstlichkeit des inneren Raumes, in die Gelassenheit und Vitalität zugleich.
2. Befreiung des Klangraumes »Mund«, was die Stimme aufblühen lässt und die Verbindung von innen nach außen und umgekehrt schafft.
3. Mut zu emotionalem Ausdruck mit dem Wissen um die innere Balance, den inneren Raum.

Ich hoffe, dass ich Ihnen mit den unterschiedlichen Übungen einige Leckerbissen anbieten konnte. Probieren Sie von dem einen, mal von dem anderen, kombinieren Sie Verschiedenes und schauen Sie, wie es schmeckt. Nehmen Sie die erste Kostprobe im stillen Kämmerlein beim Lesen des Buches.
Lassen Sie es sich aber gleich und direkt im privaten und beruflichen Alltag schmecken: Experimentieren Sie, um Ihre stimmigen Körperanker zu finden, und seien Sie mit Leib und Seele dabei, wenn Sie sprechen oder singen. Denn Sie wissen: **Wer gut klingt, kommt gut an!**

10 Tipps für eine effektive Stimmpflege

1. Den Frosch willkommen heißen

Räuspern Sie nicht! Häufiges Räuspern und Husten führen zu vermehrter Schleimproduktion und zu erneutem Räuspern. Räuspern und Husten stellen eine hochgradige Stimmbelastung dar.
Sehen Sie den Frosch im Hals wie einen ungebetenen Gast, der sich aber nicht so einfach rauswerfen lässt. Je mehr Sie sich um seinen Rauswurf bemühen, desto hartnäckiger kommt er wieder. Heißen Sie ihn deshalb – wenn auch nicht gerne – willkommen. Sprechen oder summen Sie mit dem Frosch im Hals. Der Frosch liebt Stimmlippenbewegungen nicht und verschwindet allmählich. Es ist nicht so schlimm, wenn das Gegenüber ein bisschen mitschwingenden Schleim hört. Das aggressive Räuspern stört Ihren Gesprächspartner viel stärker – vor allen Dingen, wenn es öfter stattfindet –, denn es unterbricht die Rede.
Schlucken Sie anstelle des Räusperns, trinken Sie einen Schluck Wasser, nehmen Sie ein Bonbon, summen oder gähnen Sie. Die Kehle bewegt sich und der Frosch hüpft erschrocken zur Seite.

2. Austrocknung unbedingt vermeiden

Austrocknung ist der schlimmste Feind der Kehle, denn sie verändert den Schwingungsablauf der Stimmlippen. Die Schleimdrüsen des Kehlkopfes produzieren nur dann dünnflüssiges Sekret, wenn Sie Ihrem Körper genü-

gend Flüssigkeit zuführen. Trinken Sie deshalb mindestens zwei bis drei Liter nicht-koffeinhaltige und nicht-alkoholische Getränke pro Tag.
Bei Stress, bei Lampenfieber stellt der Körper die innersekretorische Schleimproduktion ein. Kein Wunder, dass Sie einen trockenen Mund bekommen! Achten Sie auf genügend Flüssigkeitszufuhr. Schlucken Sie Ihren Speichel, denn dann legt sich ein bisschen davon unter den Kehldeckel und befeuchtet so die Kehle.
Bei trockenem Raumklima helfen auch Lutschpastillen. Falls Sie während der Besprechung auf Ihren Kaffee nicht verzichten wollen, stellen Sie ein Glas Wasser dazu!

3. Gefahren erkennen

Nach dem Genuss einer Zigarette braucht Ihr Körper mehrere Stunden, um wieder einen optimalen Schleimhautzustand im Sprechapparat herzustellen. Vermeiden Sie die Zigarette in stimmintensiven Situationen!
Nikotin, Alkohol, Koffein, Glutamate (Geschmacksverstärker), scharfe Gewürze, ätherische Öle – in Bonbons, Tees oder Duftlämpchen – und lange Aufenthalte in klimatisierten oder überheizten Räumen reizen die Schleimhäute und trocknen sie aus. Vermeiden Sie diese Gifte und trinken Sie in klimatisierten Räumen, im ICE, im Flugzeug reichlich Wasser.

4. Verschleimung verhindern

Es gibt einen unmittelbaren Zusammenhang zwischen Verschleimung im Nasen- und Kehlkopfbereich und vermehrtem Genuss von Zucker und Milchprodukten. Kuhkäse und andere Kuhmilchprodukte führen oft zu verstopfter Nase und damit zu schlechtem Stimmklang.
Finden Sie heraus, welche Nahrungsmittel Sie verschleimen: der geliebte Cappuccino und der herrliche Käse zum Rotwein oder das Speiseeis und die Schokolade? Streichen Sie mal sämtliche Zucker- und Milchprodukte

für eine Woche aus Ihrem Speiseplan und testen Sie die Wirkung auf Ihre Stimme. Vermeiden Sie diese Produkte auf jeden Fall am Tag vor stimmintensiven Auftritten!

5. Mund- und Rachenraum reinigen

Über Nacht sammeln sich in der Mundhöhle sehr viele Bakterien. Um die Bakterien gut zu binden, ist es sinnvoll, einen Teelöffel Sesam- oder Sonnenblumenöl mindestens fünf Minuten im Mund kauend zu bewegen (in der Zeit können Sie schon das Frühstück vorbereiten) und dann auszuspucken und auszuspülen. Wenn Sie noch mehr Gutes für sich tun wollen, nehmen Sie nochmals einen Teelöffel voll Öl und gurgeln Sie damit, wiederum ausspucken. Dann sollten Sie die Zähne putzen und mit einem Zungenreiniger die Zunge säubern. Falls Sie die Ölprozedur ablehnen, putzen Sie auf jeden Fall vor dem ersten Schluck, den Sie trinken, die Zähne! Sie können Ihren Mund auch mit einer sehr milden Salzlösung spülen.
Wenn der Mund so wunderbar gereinigt ist, trinken Sie als Erstes eine Tasse heißes abgekochtes Wasser (wer mag, legt eine Scheibe Ingwer hinein). Das öffnet die Kapillaren, regt den Magen an und hilft dem verdickten Schleim, sich zu lösen. Sie werden erstaunt sein, wie gut dieses Wasser wider Erwarten schmeckt. Ich persönlich trinke als letztes Getränk vor dem Schlafengehen auch noch heißes Wasser und es tut mir wirklich gut. Die ayurvedische Medizin empfiehlt, über den Tag verteilt ein bis zwei Liter heißes Wasser zu trinken.

6. Die Nase pflegen

Die Flimmerhärchen der Nase leiden durch Umwelteinflüsse wie Nikotin oder sonstige Toxine. Gleichzeitig reagiert die Nase sehr stark bei Nahrungsmittelunverträglichkeit. Deshalb müssen Sie die Nasenschleimhäute gut pflegen. Geben Sie einen Tropfen Sesamöl auf den kleinen Finger und ölen Sie die eine Nasenhälfte damit innen ein. Halten Sie das andere Nasenloch zu und ziehen Sie die Luft durch die Nase hoch. Das Gleiche mit der anderen Seite. Machen Sie das auf jeden Fall am Morgen und vor dem Schlafengehen. Sie stimulieren damit außerdem alle Reflexzonen.

7. Die Erkältung ernst nehmen

Vermeiden Sie übermäßige Stimmbelastung bei Erkältungen. Bleiben Sie als Lehrer oder als Fitnesstrainer lieber am Anfang einer Erkältung einen Tag mit konsequenter Stimmruhe zu Hause, als sich eine Woche durchzuschleppen und dann drei Wochen wegen nachhaltiger Stimmprobleme zu fehlen.

Machen Sie sich schon bei den ersten Anzeichen einer Erkältung einen dünnen Salbeitee oder nehmen Sie zehn Tropfen einer Salbeitinktur auf ein halbes Glas lauwarmes Wasser und gurgeln Sie damit. Schlucken Sie den Salbei nicht, denn er ist sehr aggressiv für den Magen. Sie können genauso gut mit einer milden Salzlösung gurgeln und diese auch in die Nase hochziehen. Sehr nützlich ist auch die Mundpflege mit Öl, wie ich sie bei Ratschlag 5 beschrieben habe. Lutschen Sie Salbeibonbons, Halspastillen aus Primelwurzelextrakt oder Meersalzpastillen ohne Zucker.

Unter den Sprechern und Sprecherinnen beim Bayerischen Rundfunk gilt folgendes Getränk als echter Nothelfer, das Sie sich selbst herstellen müssen:

Setzen Sie 1 bis 3 Teelöffel gehackte Eibischwurzel (aus der Apotheke) in kaltem Wasser bei Raumtemperatur 30 Minuten an, öfter mal umrühren. Danach geben Sie das Ganze durch ein Sieb, erwärmen den Sud ein bisschen, aber nicht zu heiß, weil dann die Wurzel ihren Wirkstoff verliert, und trinken Sie immer mal wieder ein paar Schlucke.

Halswickel helfen: Finden Sie heraus, ob Sie besser auf den kühlen Quark- oder auf den heißen Kartoffelwickel ansprechen. Streichen Sie den Quark oder den heißen Kartoffelbrei auf eine Klarsichtfolie und legen Sie diese mit der Quark- bzw. Kartoffelseite um den Hals. Handtuch oder Schal drum und so lange drauflassen, bis es bröselig wird.

8. Zum Arzt gehen

Wenn Sie länger als fünf Tage heiser sind, wenn Sie Ihre Stimme länger als 24 Stunden komplett verlieren, wenn Sie immer nach längerem oder lautem Reden oder nach dem Singen stimmlich angestrengt sind, wenn Sie zwei- bis dreimal im Jahr erkältet sind, wenn Sie immer mal wieder heiser sind, dann suchen Sie unbedingt einen Hals-Nasen-Ohren-Arzt oder – besser – einen Phoniater auf.

9. Dem Reflux begegnen

Zwanzig Prozent der deutschen Bevölkerung leiden unter der so genannten Reflux-Erkrankung. Zehn Prozent der Kehlkopfentzündungen, die der Hals-Nasen-Ohren-Arzt diagnostiziert, beruhen auf Reflux.
Beim Reflux versagt der Verschlussmechanismus zwischen Speiseröhre und Magen. Es kommt zu einem Rückfluss von Magensäure, welche in der Speiseröhre bis hinauf in den Rachenraum aufsteigt und zu Entzündungen der Schleimhäute, also auch der Schleimhäute des Kehlkopfes, führt. Vielleicht kennen Sie Sodbrennen oder Sie erinnern sich an das unangenehme Gefühl im Hals, wenn man sich erbrechen musste. Beim Reflux können aber auch keinerlei Beschwerden auftreten.
Eine der Ursachen für Reflux ist eine ungesunde Ernährungsweise mit zuviel Fettem und Süßem. Aber auch Kaffee, schwarzer Tee, Alkohol, Cola, Schokolade, weißer Zucker und zu viel Salz, sehr heiße oder sehr kalte Speisen wie zum Beispiel Speiseeis fördern die Produktion von Magensäure und lassen den Ringmuskel am Mageneingang erschlaffen. Zivilisatorische Umweltfaktoren – allen voran Stress – spielen als Auslöser ebenfalls eine wichtige Rolle.
Nachts fließt die Säure durch die horizontale Lage des Schlafens nach oben und greift die Schleimhäute an. Dies kann zu nächtlichen Hustenanfällen oder zu morgendlicher Heiserkeit führen. Man kann sogar asthmaähnliche Beschwerden entwickeln. Oft entstehen auch Schmerzen hinter dem Brustbein, die gerne als Herzschmerzen gedeutet werden.

Was können Sie tun?
Vermeiden Sie Säure bildende Getränke und Nahrungsmittel. Essen Sie drei Stunden vor dem Zu-Bett-Gehen keine Rohkost und keine großen Mahlzeiten mehr: Das Verdauungssystem schaltet während der Nacht einen Gang zurück, die Rohkost gärt zusätzlich und es entsteht vermehrt Magensäure. Lassen Sie gegebenenfalls beim Internisten eine gastroenterologische Untersuchung machen und sich beraten. Trinken Sie genügend Wasser, denn Flüssigkeitszufuhr steuert der Übersäuerung entgegen.

10. Für gute Stimmung sorgen

Stimme und Stimmung gehören unmittelbar zusammen. Sie hören sofort an der Stimme, in welchem Gefühlszustand Ihr Partner ist. Deshalb der wichtigste Ratschlag:
Alles, was dem Körper und der Seele wohl tut, ist für die Stimme gut.

Dank

Sie sind am Ende Ihrer stimmlichen Entdeckungsreise angelangt und ich hoffe, sie hat Ihnen Spaß gemacht. Für mich ging mit dem Schreiben des Buches ein Traum in Erfüllung. Denn schon als Kind sagte ich: »Wenn ich groß bin, möchte ich ein Buch schreiben.« Gesagt – getan!

- Ich möchte mich an dieser Stelle als Erstes bei all meinen Klienten und Klientinnen bedanken: Ihr Vertrauen, ihr Ausprobieren, ihre Erfahrungen, ihre Rückmeldungen und ihr Humor helfen mir, meine Methode zu festigen und zu vertiefen.
- Meine senegalesischen Freundinnen wecken mit ihrer Kraft und Emotionalität, mit ihrem Tanz und ihrer klangvollen Stimme immer aufs Neue meine Lebensfreude.
- Jörg Becker – mein Lebensgefährte – unterstützt mich bei meinem Buchvorhaben (und auch sonst im Leben) von der ersten bis zur letzten Minute auf allen Ebenen.
- Karin Hertzer – Journalistin, Agentin, Coach und meine Nachbarin – ist meine engagierte Verlagsagentin, zeigt mir mit größter Solidarität den Weg zur Autorin und macht mir unermüdlich Mut für die »Loschky-Methode®«.
- Dagmar Olzog – Programmleiterin und Lektorin des Kösel-Verlags – empfängt mich immer mit großer Offenheit, Herzlichkeit und Wohlwollen und setzt großes Vertrauen in das Buchprojekt.
- Silke Mayer – Volontärin im Kösel-Verlag und in dieser Funktion »meine« Lektorin – unterstützt mich wunderbar mit ihrer konstruktiven Kritik und ihrer freundlichen Art.
- Anne Loschky – meine Schwester – liest das Manuskript mit großem Engagement und gibt mir wertvolle Anregungen.

- Stephen Gorman – Illustrator – lässt sich für das Projekt begeistern, bringt meinen Wünschen große Aufmerksamkeit entgegen und findet den richtigen Weg.
- Christa Pilger-Feiler – Fotografin – lässt alles stehen und liegen und macht mit ihrer ansteckenden Fröhlichkeit das Fotografieren zu einem großen Spaß für mich.
- Sabine Fuchs – Grafikerin – übernimmt die Umschlaggestaltung des Buches und vollendet mit ihrem Engagement das Projekt.

Ihnen allen danke ich von ganzem Herzen!
Eva Loschky

Literatur

Alavi Kia, Romeo; Schulze-Schindler, Renate: *Sonne, Mond und Stimme. Atemtypen in der Stimmentfaltung*. Braunschweig 1996

Amon, Ingrid: *Die Macht der Stimme*. Frankfurt, Wien 2003

Asgodom, Sabine: *Eigenlob stimmt*. München 2003

Bopp, Annette; Kitchenham-Pec, Susanne: *Beckenbodentraining*. Stuttgart 1998

Broich, Ingvo: *Sprache, Mundraum, Seele. Logopädische Aspekte in der ganzheitlichen Kieferorthopädie*. Heidelberg 1992

Calais-Germain, Blandine: *Anatomie der Bewegung*. Wiesbaden 2002

Coblenzer, Horst; Muhar, Franz: *Atem und Stimme*. Wien 1950

Cramer, Annette: *Das Buch von der Stimme*. Zürich, Düsseldorf 1998

Franklin, Eric: *Beckenboden-Power*. München 2003

Gillemot, Birgit; Newiger, Christoph: *Osteopathie für Frauen*. Stuttgart 2002

Gotved, Helle: *Erfolgreiche Hilfen gegen Harninkontinenz*. Stuttgart 1999

Hertzer, Karin: *Stimme und Persönlichkeit – »Sprich, damit ich dich sehe«*. Psychologie heute Nr. 4/2005

Hertzer, Karin: *Rhetorik im Job*. München 2005

Larsen, Christian: *Gut zu Fuß ein Leben lang*. Stuttgart 2004

Linklater, Kristin: *Die persönliche Stimme entwickeln*. München 1997

Loschky, Eva: Der solare und lunare Atemtyp – eine neue Klassifizierung in der stimmtherapeutischen Arbeit. *Forum Logopädie* Nr. 6/1998, S. 18

Loschky, Eva: Die Bedeutung der typenpolaren Atmung für die Phoniation. In: Geissner, H. (Hrg.): *Stimmen hören. 3. Stuttgarter Stimmtage 2000*. St. Ingbert 2001

Mathelitsch, Leopold; Friedrich, Gerhard: *Die Stimme – Instrument für Sprache, Gesang und Gefühl*. Wien 2000

Müller, Divo: *Wild und weiblich*. München 2004

Seidner, Wolfram; Wendler, Jürgen: *Die Sängerstimme*. Berlin 1997

Tanzberger, Renate; Kuhn, Annette; Möbs, Gregor: *Der Beckenboden – Funktion, Anpassung und Therapie*. München 2004

Romberg, Johanna: Die Stimme – Instrument unserer Seele. *Geo* Nr. 12/1998, S. 48

Wendler, Jürgen, u.a.: *Lehrbuch der Phoniatrie und Pädaudiologie*. Stuttgart 1996

Kontakt zur Autorin

Wenn Sie mir Ihre Erfahrungen mit der Loschky-Methode® schildern mögen, wenn Sie Fragen oder Anregungen zu diesem Buch haben, oder etwas über meine Workshops oder mein Einzeltraining wissen möchten, freue ich mich über einen Brief oder eine E-Mail von Ihnen.
Sie können mich auch für Veranstaltungen, Gastkurse und Vorträge engagieren.

EVA LOSCHKY
Stimmtrainerin & Logopädin

Theresienstrasse 23
80333 München

Tel: 089 28 25 88
Fax: 089 280 04 51

e-mail: info@evaloschky.de
www.evaloschky.de